スタイルを見つける

原 由美子

大和書房

目次

朝食

朝起きると、シャワーを浴びて朝食の準備をする。家にいる限りほぼ毎日、これを繰り返している。

思い出してみると、50年前に東京でひとり暮らしを始めた朝も、とりあえず朝ごはんを作ろうと小さな流しの前に立った。トーストと紅茶と目玉焼きという簡単なものだったが、これがひとり暮らしかと、心浮かれた気分になっていた。すぐに心浮かれてばかりはいられない日常と折り合いをつけていくことになるのだが。

最初のパリ出張の経験をしてからは、フランス式の簡単な朝食をお手本にすることにした。フランス人は昼食をしっかり食べるから、朝食はできるだけ軽いものになっていると聞かされたが、当時の私には十分だった。

牛乳を飲む習慣をつけたいという思いも加わって、基本はカフェオレとクロワッサン、またはトーストかペストリーという私の朝食スタイルができあがりつつあった。そんな時にふと思いあたったのは、父の朝食。若い頃にロンドンで暮らした父は、典型的なイギリス式の朝食をとる習慣があった。朝食だけは家族とは別に、少し遅めの時間にとっていた。物書きなので執筆は夜。起床が遅く、父にとっては朝昼兼用食だったのだ。休日や夏休みには、私たちの昼食と一緒になることもある。

まずはトマトジュース。こしょうを少しふるのが父のスタイル。次にコーンフレークかオートミールかシリアル類。温めた牛乳をかけて、レーズンや季節の果物を小さめに切って入れることも。それらを食べ終わる頃、出てくるのが卵とハムかベーコン。卵二ケは目玉焼きかスクランブルか半熟にゆでたもの。これらは、その日にある材料と、父と母のなんとなくのやりとりで自然に決まっていたようだ。次は、大きめのモーニングカップに入った熱々の紅茶と、温めた牛乳。それにバターとママレードをぬったトースト一枚で終わり。

この朝食を、正月の三が日以外は、ほぼ毎日とっていた。家族の朝食は、父の朝食に少し近づくこともあれば、ご飯に味噌汁という典型的な和食のこともあった。父は明治生まれの人らしく、家事の手伝い等は一切しなかったが、自分の朝食用のコーンフレークや、お気に入りのママレードといった類は、仕事の打ち合わせで上京した際に決まった店で買っていた。

イギリス人がフランス人とは対照的に、労働に備えてしっかりした朝食をとり、昼も夜も比較的軽めだと知ったのは、ずっと後のことだ。私にとって父の朝食は近寄りがたく感じていたが、きっちり繰り返される手順に憧れがあった気がする。

仕事が日常になり、自分の生活にもある程度のリズムができた頃、日本人には和食が、特に朝食は和が健康にも良い等と喧伝《けんでん》されることが多くなった。無関心ではいられず、ご飯の朝食を試したことも一度ならずあるが、最後にはいつものスタイルにもどっていた。白いご飯のおかず作りが億劫《おっくう》になったり、結局はパン好きなのだと悟ることになったのだ。

80年代に入ってからは海外ロケもふえていった。フリーの立場だったので、仕事があるのは有り難く、大車輪で動いていたわけだが、時折、自分の体調に不安を感じることも。そこで考えたのが、時差があっても、東京にいる時と同じように動ける体調を維持するにはどうしたらよいかということだった。ゆきついたのは、外国でも日本でも常に同じ朝食をとるということだった。基本はカフェオレとパン。それに加えて、ロケは重労働なので、どこのホテルの朝食にもあるヨーグルト、プラス卵料理という自分なりの堅苦しすぎない定番を作ったのだ。単なる気休めかもしれないが、私にとっては効果絶大で、海外ロケに追われた数年を無事に通過できたと信じ、自分なりの朝食習慣に感謝の気持ちがある。

年齢を重ねて感じるのは、父のあの頑固な朝食こそ、ルーティーンとして機能していたということ。それというのも、現在の私も今まで経験したことのない日々を送りながら、朝起きて朝食を準備することで、今日という日を送るための心構えが自然とできている。

今はクロワッサンはごくたまに、トーストのことが多い。牛乳もある時期から重く感じるようになり豆乳に。休みの日や、お腹がすいている朝は半熟卵やスクランブルエッグをプラス。ガラスの器に多めに入れたプレーンヨーグルトに、今日はレーズンとくるみを少しと蜂蜜《はちみつ》を等と考えながら、父が牛乳をかけたコーンフレークにスライスしたバナナを入れていたのを思い出したりする。そして、今日やるべきことに思いがめぐっていくのに気づくのだ。

スニーカー

最近、外出というとスニーカーをはいている。

以前の私だったら、その日の外出の目的を考えて着るものを決め、最後に、天気も考慮しながら靴を決めていた。装いの基本がパンツスタイルなので、ある時期までは、少し気取りたい時にはシンプルな中ヒールをはくこともあった。だが、近年はフラットシューズだけになっていた。若い時に踵《かかと》を骨折したのが遠因なのか、悪い足をかばうように左右の足が交互に具合いが悪くなることが続き、その後は、ともかく足に負担がかからないことを優先するようになった。私好みのフラットシューズのなかで、ＴＰＯを考慮してエナメルのオペラシューズやスウェードのパンプスを選んだりしていた。

ところが最近は、どんな時も白いスニーカー一辺倒なのだ。時に同型の黒いスニーカーをはくこともあり、黒も気に入ってはいるが、白をはいた時のほうが気分が良い。今日はこれ、と決めた服を身につけている時点で、足元は白いスニーカーでよしと心に迷いはない。

職業柄、とり入れたい新しい流行は、自分が関わるページに積極的に採用する。私個人としても、好みで似合うのならとり入れる。スニーカーがファッションとして最初に注目を集めた頃も、私なりに意識はしていた。だが当時は思っていた以上に手強い存在だと感じた。

ニューヨークのキャリアガールを描いた『ワーキング・ガール』という映画が80年代後半に封切られた。映画のなかに、通勤の時だけオフィスウェアにスニーカーをはき、社に着いたらハイヒールにはきかえる女性が登場したことで話題になったが、この時は、そういう時代になったのね、と軽くすましていた。

その後、少しずつスニーカーは進化し、ヴァリエーションも豊富になり、いつの間にかファッションとして認められるようになっていた。デザイナーと有名ブランドとのコラボ商品も続々と登場し、驚いてばかりいられなくなり、興味もわいてきた。

当時、一度、試してみたことがある。その頃のものは、まだ底がそれほど厚くなかったからか、はいてみると踵《かかと》が低くなるような感覚があり、後ろに倒れそうな恐さがあった。正しい姿勢で足早に歩くことを目指していた私にとっては無用のものと思わざるを得なかった。それ以上に、スニーカーをはいた自分の姿が気に入らなかったというのが正解かもしれない。その頃の私の定番スタイルは、クロップド丈の細身のパンツが中心だったので、当時のスニーカーをはくと、単なる手抜きのパンツスタイル風情にしか見えなかったのだ。

だがその後、スニーカーは進化し続け、目にすることもふえていった。スニーカーを合わせると魅力的に見えたり、さりげなく今の気分が出ることが多くなり、私自身がスタイリングするページにも、かなり頻度高くスニーカーを使うようになっていた。コットンの長い丈のワンピースや、70年代調のスタイルを現代のカジュアルに見せるために、スニーカーは有効だった。

クロップド丈の細身のパンツ一辺倒だった私にも、折よく変化の兆《きざ》しが。似合わないと決めつけていたワイドパンツを試したくなっていた。かつてモデルさんにスタイリングしたような超ワイドのものではなく、程々にワイドなもので、はきたい一本に出会ったのだ。合わせるのは、少しボリュームのある安定感のある靴がいい。以前ならブーツやサボを合わせたが、今ならやっぱりスニーカーという結論に。

そこで、長らく気になっていたスポーツブランドの超シンプルな白の定番を試してみたら、底が厚く見た目にも安定感があり、気分良く足がおさまったのだ。半サイズ上にして中敷きを入れたら、いくらでも歩き続けられる快適さも。

そこから、少し大袈裟に言うなら怒濤《どとう》の勢いでスニーカー生活が始まってしまった。長らく愛用のクロップドパンツも、このスニーカーとは相性がいい。程々にカジュアル感が増すのだ。私の長い間の定番スタイルのひとつ、軽めのジャケットとチノパンツにも、スニーカーが合う。持っているのに滅多にはかなかった長めの丈のスカートも、スニーカーとなら楽しい気分ではける。

一年間はきつめて、最初の一足はかなりくたびれたので、今はまた同じタイプの新しいのを求めて、外出用と近所用とに分けている。たまに街に出た時に観察すると、老若男女、スニーカーをはいた人は相変わらず多いが、一時期より減っているのも確かなようだ。いわゆるおしゃれに敏感な層は、次の何かを見つけ始めている気もする。そこで私はどうするかというと、人より遅く気づいた、今の私に最適だったこのアイテムを、まだ当分は手放すつもりはない。年齢のせいもあるが、歩くための必需品として終生つきあえたらと願っている。

ただし、反省していることもある。今の時代、どんな場所にもスニーカーをはいていって咎《とが》められることはないかもしれない。私自身、歩きやすく快適なことが嬉しくて、以前だったらきちんと革靴でと意識していた場に、スニーカーで出かけたこともある。非難されることはなかったが、何か負い目を感じている自分がいた。カジュアルで許される場でも、それに甘えすぎずに、自分なりの規準は持ち続けようと改めて思っている。

サングラス

自分の視力に合わせた度入りサングラスを真剣に探し始めたのは、つい最近のことだ。60年代後半に青春時代を過ごした世代なので、若い時はサングラスは不良っぽいという偏見があり、あまり良いイメージはなかった。子ども時代を過ごした湘南は、夏になると東京からの海水浴客が多かった。そんな夏の客の中には、サングラスをかけている人も。強い日差しの海辺に向かうための必需品だったのだろう。だが日本人のカジュアルな服装がまだこなれていなかった時代だけに、なんとなく違和感を感じることが多かった。言ってしまえば、サングラスがなじんでいないというか、とってつけたように見えたのだ。たまに格好良いなと感じた人もいたと思うのだが、あまり記憶に残っていない。

そんなサングラスだが、仕事をする大人としては、結構、気になる存在になってしまった。たとえば、写真家のヘルムート・ニュートンの撮るファッション写真には、しばしばサングラスをかけたモデルが登場する。超がつく格好良さだが、セクシーで危険な香りのする大人の世界だ。私が仕事するページとは別世界と割り切って見ることができる。こういう世界もあるのだと頭にたたきこみながら。

ところが、オードリー・ヘプバーンが映画の中でしているサングラスとなると、見ているだけとはいかず、真似したくなる人は多いに違いない。『ティファニーで朝食を』にしろ『シャレード』にしろ、サングラスをした彼女は魅力的で、好感度も高い。特にサングラスをはずした瞬間の表情に引きつけられる。だが、誰もが普段の生活で彼女のようにサングラスをとり入れられるかというと、ことはそう簡単ではない。

夏のファッションページで、南の島のリゾートや、都会の夏スタイルがテーマになれば、スタイリストとしては、サングラスを使いたくなる。そんな時は、撮影用の品を貸し出してくださる品揃えのいい眼鏡屋さんに駆け込み、サングラスを見せてもらう。まず、選んだ服と、着てもらうモデルさん、加えてロケする場所にあれこれ頭をめぐらしながら適当なものを探す。洋服やアクセサリーを選ぶ時より、ずっとハードルが高い作業だ。顔に直接つけるものなので、ヘアスタイルとも密に関係する。天候によって、光の具合いも違ってくる。不確実な要素が多すぎて迷いが出る。結局、モデルさんの容姿と力量プラス自分が選んだ服の魅力を信じて、エイヤッと選ぶしかない。

そんなふうに通っておなじみになった眼鏡屋さんで、ある夏、サングラスを自分用に買ったことがある。もともと目はいいほうで——かなりの遠視と知ったのは、後のことだ——あまり眼鏡を知らないままそれまで過ごしていた。

以前は、日本人の黒目は薄い色の目より強いので、サングラス等は必要ないとも言われていた。なにより自分の顔にはサングラスは似合わないという思いも強かった。それでも、撮影のためのサングラス選びを繰り返すうちに、やっぱりかけてみないとわからないこともあるだろうなと思うようになったのだ。

一大決心をして買おうと決めた時は、撮影用を選ぶ時よりさらに迷った。実際に試してみたものの、いいとか好きとか思えなかったのだろうと今ではわかるのだが。その日は、今日はなんとしてでも買うと決めていた。で、買ったわけだが、その時お店の人に言われたのだ。「原さん、自分のことは意外とわかっていないんですね」と。自分でも、そうなのよね、と思わざるを得ない一言だった。結局、そのサングラスは、あまりかけぬままに。

そんな私が老眼になったのは、40代半ばという比較的早い時期だった。眼科で調べて、かなりの遠視だと知らされた。どうりで、パリコレの大きなテントの中のショーで、モデルが遠くに姿を現した時には服のデザインがわかったわけだと、ひとり納得していた。眼鏡が必需品となったわけで、自分になじむ型を探し、眼鏡をかけて暮らす日々が始まった。

眼鏡に慣れるまではそれなりに苦労もしたが、想定外だったのは、ある期間老眼は進行するということ。白髪の進行はこういうことなのかと納得しつつ見守るしかないが、老眼は眼鏡を変えるという厄介もある。思い出してみると、母もそんなことを言っていた気がするが、当時は上の空で聞いていた。

眼鏡をかけるようになってもサングラスはしないで過ごしていたが、近年、晴れた冬の日の午後に歩いていると、やたらとまぶしく感じるようになっていた。眼鏡屋さんに尋ねると、冬の日差しのほうが低く鋭いので、そうなるという。加えてサングラスをして目を保護したほうがいいですよ、とも。あれほど真夏の炎天下でもまぶしくないと胸を張って言っていた私だが、その時は素直にサングラスが欲しくなった。

思い立った次の冬に、これはという型を見つけ、度を入れてもらうことに。かけてみると快適だった。見かけのレンズの色は少し濃いが、かけて見る世界は普通の眼鏡と変わらず、物の色もちゃんとわかる。細かい字を読む必要がなければ、洋服の展示会場でも不自由はない。とはいえ、仕事として服を見る時はサングラスではなく普段の眼鏡にかけかえるようにしている。

実は最近のサングラス生活でひとつ失敗がある。知人の久々の絵の展覧会に行って、挨拶もそこそこに絵を見て帰ってきてしまったのだ。時間に余裕がなかったのだが、サングラスをしたままだったのに気づいたのは会場を出てからのこと。自分ではしっかり見ていたつもりだが、サングラスをはずすべきだったと恥ずかしかった。人それぞれでいいと思うが、私自身は、それ程に無意識でかけていたのかと驚き、同時に怖さも。慣れ過ぎに気をつけねばと思うばかりだった。

現在の私の髪は白髪が多く全体に淡い色になっている。その髪に近い色のフレームのサングラスは、まぶしさを絶対的にやわらげてくれる。実用性が明らかなこともあり、なんだか堂々とかけていられる。この気分を大切にしたい。

好きな色

好きな色は？　と聞かれたら、素直に「紺」と今は言える。濃いめの紺、黒に近い深い紺。いわゆるネイビーブルーと言われる英国海軍の制服の色でもある。まだスタイリストの仕事を始めたばかりの頃に、海外ブランドの展示会で服を見ていて「ネイビー」と表示された商品の黒に近い濃さに、ここまで濃いのかと驚き、認識を改めた記憶がある。日本語で正しく伝えたいなら「濃紺」と言うのが正解だろう。でも今はあえて、シンプルに「紺」でよいと思っている。無論、ネイビーブルーは好きだが、「紺」も同じくらい好きだからだ。

仕事を始めて、最初に自分の定番スタイルと定めたのは紺のテーラードジャケットだったという話は、雑誌などにたびたび書いてきた。はじめは、「黒」か「チャコールグレー」

ぐらいを自分の定番色に決めたいなという目論見《もくろみ》があったのだが、当時の私にはまったくなじまなかった。

残ったのはジャケットの定番色として破綻のない濃紺しかなかったのだ。学生時代にセーラー服として着続けた紺にもどるということになり、進歩も新鮮味もないようで落胆したのは確かだ。それでも当時、発表されて間もないコムデギャルソンのメンズに、なんとか自分らしく着られる紺のジャケットとパンツを見つけた時は素直に嬉しくなり、すぐに気持ちを切り替えられた。大きめのメンズを着た時のゆったり感が、紺の生真面目さを程良くやわらげてくれて、私の色と素直に思えた。

そこで始まった私と紺とのつきあいだが、いわゆる少し正式度の高い時用のジャケットとは別に、カジュアルに着る仕事用の作業着でも紺をよく着た。コットンで藍染めのものもあったし、ジーンズ素材も。

制服で着た紺であることに、いつも少し心にひっかかるものがあった気もするが、着て安心というか自分に素直になじんでいることを実感する色でもあった。一方で、紺と言えばセーラー服や学校の制服だけでなく、いわゆるユニフォームに適した色としてたくさん使われていて、万人向きの無個性な色というイメージもあったので、油断して着ると平凡な装いになるだけという恐れもある。それでも着続けたのは、紺が好きだったことに加えて、紺が似合っていると感じていたからだろうと今になって思う。

私にとって印象に残っているコートのひとつに、イタリアのブランド、マックスマーラのものがある。カシミアの濃紺でダブル前のシンプルなものだった。マックスマーラはフランスのＥＬＬＥ誌にはよく登場し、日本でも輸入会社を通じて雑誌に紹介することはできたが、実際に買うのは結構難しかった時代だ。そんな時、パリに初めてブティックがオープンし、シンプルなダブル前の紺のコートを見つけて、当時の私にとっては高価だったが、かなり勇気を出して手に入れた。

そのコートは十年以上は着続けた。キャメルでも黒でもなく、あの濃紺だったからこそ長く気に入って着続けられたと思っている。

そんなふうに紺を長く着続けた時代の後に、きちんとした時に着るジャケットが少しずつ黒に切り替わっていった。90年代に入ってからのことだ。私自身のヘアスタイルを、今までの横分けからボブにした時期と重なっている。丸顔なので若く見られないようにと避けていたボブだが、やっと年相応になったと自覚して、黒いジャケットも自信を持って着られるようになったのだ。

それ以後は、自分の雰囲気に合うその時らしさのある色や型を、選ぶようになっていった気がする。それでもどちらかと言えば、いつ見てもあまり変わりばえしないスタイルをしていた。

仕事柄、かなりの量の洋服の新作を見る。その中から仕事で雑誌に紹介したいものを見つけ出す。そんな作業を長い間続けていくうちに、どんどん新しいものに挑戦するようになる人もいる。私の場合はそうはならず、独特の美しさや特別感のある新しいものを見つけて雑誌に紹介することはあっても、自分に関しては、どんどんシンプルに、何げない新しさだけを探しながら着るようになっていった。

その後、黒髪のボブが少しずつグレーに変化するのを経験しながら、できれば自然のままの色をキープして、好きな色を着続けたいなと考えるようになった。

だが実際にグレーヘアになってみると、なる前は髪の色に近いグレー系やベージュなどの中間色がやわらかい雰囲気で着られるだろうと期待していたのだが、そう簡単ではなかった。黒髪の時のような対比がないので、ぼやけた印象になりがちなのだ。それなら黒がいいかというと、黒髪の時より印象はやわらかいが、これも、素材、型、季節、その他いろいろの条件により一概には言えない。

そこで数年前から再浮上したのが紺だ。大人しく無難にまとまるのは否と考えていたが、そうでもないようだ。もはや優等生っぽいとか真面目な感じなどと気にする必要はないと素直に着てみると、着慣れた色のはずなのになぜか新鮮に感じるという発見があった。

白や霜降りグレーのTシャツに紺のジャケットを重ねた定番的なラフスタイルも、グレーの髪だと少しやわらかく落ち着いて見える。黒のカシミアセーターにウールの紺のジャケットを合わせると、黒髪だと暗すぎるが、グレーヘアだと適度にしまり、真珠のネックレスのフォーマル感も少しカジュアルになる。黒と紺の組み合わせは、気づかない人もいるかもしれないが、今の私のお気に入りだ。

改めて紺という色を、見直してみるのも悪くないと考えている。

カーディガン

出かけるしたくをしていると、いつの間にかカーディガンを着ている。たまにニットのジャケットを選ぶ時もあるが、ほぼカーディガンになる。というかほかに選択の余地がないのだ。ここ数年のことだが、自分ではとうとうここまできたかと納得している。

仕事を始めた当初は、仕事をする人らしくきちんと見せたくて、必ずジャケットを着ていた。男物の紺のテーラードジャケットだ。あまり堅苦しい雰囲気にならない素材のものにしていた。撮影現場の仕事の時も必ず何か羽織物を。春夏はジーンズや作業着ふうジャケットだが、冬にはツイードの男物ジャケットをよく着ていた。

そんな私も40代半ばを過ぎた頃からは少し肩の力がぬけ、ジャケット一辺倒ではなくなっていった。そのかわりによく着るようになったのが、カーディガンだ。とは言っても、コンクールの審査員や学校の授業、加えて改まった場での会合などには相変わらずジャケットスタイルを通していた。

カーディガンを着るようになった理由のひとつに、コートを快適に心地よく着られることがあるかもしれない。実はコート好きで、レインコートは雨に関係なくよく着ていた。防寒コートは冬の必需品であるのは確かだし、コートスタイルというものが好きだった私は、コートを着ること自体を楽しんでもいた。そのコートをジャケットに重ねて着ると、重さもあるし、肩の重なりが結構ゴワゴワと快適ではないのだ。

カーディガンをジャケットがわりに愛用し始めてみると、ひとつ気づいたことがある。私が選ぶのは紳士物に原型のあるシンプルなVネックのカーディガンだが——イギリスのカーディガン伯爵がクリミア戦争で負傷し、軍服の上に簡単に重ねられるニットの上着として考案されたという逸話が残っている——脱ぎ着が楽なことを大いに納得したのだ。かぶって着るぴったりしたセーターとは大違いで、カーディガンなら気軽に脱いだり着たりできる。

いわゆるウールのもの、上等なカシミアからシェットランドやモヘアまで秋冬向きの暖かい素材のVネックカーディガンは豊富にあった。だがそれ以外の薄手の素材となると、私が仕事を始めた頃は男物でも、年寄りじみた地味な色と頼りなげな素材感のものになってしまう。魅力のないものが多く、自分が着ることは考えもしなかった。女物はといえば、夏っぽい透ける編地でレースふうだったり、ボタンなしのボレロふうだったりと、こちらも自分とは関係ないアイテムとしか思えなかった。

それが90年代を迎える頃だったと思うが、シルクコットンや麻等、秋冬以外のシーズンに対応できるさまざまな素材のシンプルなVネックのカーディガンが出まわるようになった。パンツとTシャツの上にカーディガンを重ねていた私にとって、これは有り難かった。それにこの頃になると、コート丈ほどある長いものや、ボタンやポケット、縁取りに工夫はありつつ、あくまでも原型のカーディガンの形に忠実なデザインが見られるように。

ただし、そのままカーディガン一辺倒になったわけではなく、自分なりに新しいものへのチャレンジは続けていた。たとえばパンツのかわりにスカートをはいたり、厚地コットンの七分袖のワンピースを着たり。新鮮でこれもいいなと思いつつ、どこか落ち着かなかった。私が常々思い、人にも伝えていたことがある。「自分のスタイルを持つことは大切だが、止まってしまってはだめ」ということだが、新しいモノにトライしても、どうしても身につかないこともある。そんな時は無理せずに元の道にもどる。ただしもどるなら、大袈裟かもしれないが、気を引きしめて。

というわけで、マンネリにならないよう緊張感を持ちつつ、やっぱり好きだなとカーディガンを着続けている。シンプルなので、気分によってアクセサリーをいろいろ楽しめるのが私にとって何よりなのだ。

寒い季節にはTシャツではなく、原毛色のベージュの丸首セーターを着て、その上に茶や黒のVネックカーディガンを重ねる。暖かいからホッコリ落ち着くのが嬉しい。

思い出したのだが、シャネルの若い時の写真にはカーディガンを着たものがたくさんある。男物ふうのたっぷりと丈の長いカーディガンに白っぽいスカートを合わせているもの。スーツに近いVネックカーディガンとスカートのセットには、マリンふうのラインが。シャネルはさまざまなカーディガンを着続けながら、シャネルスーツの原点を創りあげていったのだろう。そして、あの皆が知っている典型的なシャネルスーツへと進化させていった。そんなことを改めて考えると、やっぱりカーディガンはすごいとしか言いようがない。

きれいな色

プライベートにしろ仕事にしろ、普段の生活で外出する時は比較的地味な装いをしているつもりだ。そのほうが気分が落ち着くし、仕事の場合は特に、やるべきことに集中できる気がする。色でいうなら、紺、黒、ベージュ、カーキといったところが中心。

でも実は、きれいな色も大好きなのだ。着る着ないは別にして、色として好きなのはきれいで鮮やかな赤、深すぎず、でも決して安っぽくない程良いグリーン、それと単純にきれいなブルー。なかでもブルーは日常的に仕事でも抵抗なく着られるので、着用頻度が高いかもしれない。ただし素材はコットンで、はっきりした強いブルーのシャツが好き。30代の頃は男物の大きめのブルーのシャツをTシャツに重ねて上っぱりのようにして着ていた。黒や濃紺の男物シャツをそう着ることもあったが、なぜかきれいなブルーを着ると気分が良く、はりきれる気がしたものだ。

　還暦も過ぎた頃、知人から程良い価格でシャツを採寸して仕立ててくれる店を教えられた。そこで見つけたのが、スイスコットンのきれいなブルーの刷毛目《はけめ》のシャツ地だった。パッと見るとブルーだが、近づいてよく見ると白い糸が縦にも横にもしっかり織り込まれている生地だ。細い糸の上質感と艶があり、派手なブルーだが陰影がある。これを自分サイズで少しだけゆとりのある身頃、カフス分だけ長い袖、好みの襟型と丈にして仕立ててもらった。このシャツを着てクロップドパンツをはく。超シンプルだが好きな格好だ。いつもの指輪だけでは寂しく感じる時は、黒いグログランリボンが鎖のかわりになっているペンダントをすると少し華やぐ。べったりしてしまうフラットなブルーではなく刷毛目ならではの陰影が、こんなペンダントも受け入れる懐の深さとなり、洒落っ気を出せると信じている。

　白や濃淡の糸を織り込むことで陰影を出すということで思い出すのは、霜降りグレーのTシャツだ。ごくありふれたグレーだが、あの霜降りTシャツを紺のジャケットや濃い色のカーディガンの下に着るとなぜか自然に程良いカジュアル感が出る。上質ニットのベージュやグレーといった地味な色も、霜降りになっていると陰影が生まれ、紺や濃茶のジャケットの下に着るとしっとりと落ち着き、肌なじみが良い気がする。シャツ地とは別の懐の深さと言ってもよいかもしれない。

横道にそれてしまったが、あとふたつのきれいな色、赤とグリーンは、まじりけなく、純粋にはっきりした私好みの赤とグリーンと言えばよいだろうか。

好きな赤の始まりは、高校生になった時、母が誂《あつら》えてくれたきもの用の道行《みちゆき》コートの赤だ。母のコート地を染め替えたものだったが、その源氏車《げんじぐるま》の地紋のある真紅《しんく》は鮮やかできれいだった。派手だなと自分でも思ったが、ブルー地の振袖に重ねると、すんなりおさまって気負いなく着ていられるのが嬉しかった。赤ってきれいだな、いいなとその時から思い続けている。

スタイリスト業を始めた頃、久々に会った幼なじみのいとこが着ていたボーイスカウトの防寒着だというCPOジャケットは印象的な真紅だった。素材は少しかたい薄手の毛布ふうで良い感じ。私も着たくなり、とっさに欲しいと言ってしまった。後日、望みが叶えられ、それから5年間、冬の撮影仕事の必需品となった。かなり派手な赤なのだが、気にせずに着られた。型がＣＰＯジャケットなので、ロケバス移動の仕事には機能性も申し分なかったのだ。

なにかの折に先の道行コートとともに片づけようとした時、コートの絹の赤と、ＣＰＯジャケットの毛布地のようなウールの赤とが、まったく同じ赤だとわかった。それからはこの大好きな赤が私の中にしっかり根づいてしまったようだ。長襦袢《ながじゅばん》の白い梅のしぼり柄のある赤、赤い毛糸の手袋、モヘアの薄地ニットのロングカーディガンの赤、角巻《かくまき》にもなるくらいたっぷり大きい真っ赤なショール。それぞれ、素材は違うし求めた時期もバラバラなのに、それらはみな同じ真紅だった。自分の執着ぶりというか、色の記憶に驚いている。ある時、この赤を日本の伝統色で調べると、緋色《ひいろ》でも紅色《べにいろ》でもなく猩々緋《しょうじょうひ》という色名だと知った。そしてこの色名は江戸時代に南蛮渡来の毛氈《もうせん》の色につけられたと知り、ボーイスカウトの防寒着の色との合致に納得した。

グリーンにも同じことが言える。いつからか記憶にはないが、グリーンが好きという気持ちが芽生えていた。思い出してみると仕事を始めた70年代、洋服のグリーン、特にウールのグリーンは当時の撮影機材では印刷で表現するのが難しい色だった。特にスタジオでライティングするのではなく、自然光で木陰などで撮影すると黒っぽくなり、正確な色が出にくかったのだ。そんな経験を重ねるうちに、グリーンには慎重になっていった。好きな服を見つけて誌面に出したいと考えても、正確にきれいな色で表現できないならやめようということも。以来グリーンを注意して見るのが習慣になり、深さのあるグリーンが好きな色になっていたのではないかと今になって推測している。

グリーンのカシミヤの男物マフラー、リバティー社のグリーンのレース編みニットのスカーフ、それらを手に入れたのは、かれこれ40年も前のこと。グリーンの大判ショール、シンプルなVネックのカーディガンもそのグリーン。極めつきは60歳を過ぎて求めたドリス・ヴァン・ノッテンのグリーンのコート。今も大好きで着ている。買った当初よりは現在のほうがなじんで気分よく着られる。

歳をとったらきれいな色を、とはよく言われるが、パステル系のきれいな色だと勝手に思い込んでいた。私にとってそれは赤とグリーンだったのかもしれない。グリーンのコートを着続ける元気がどこまで続くかはわからないが、好きな色であることは変わらないだろう。

気になるリボンはとっておき、ものをまとめる時に使う。旅関係の手帳やノートを束ねて。

度入りのサングラスは、髪に近い色のフレームを選んで。夏よりむしろ冬に欠かせない。

長らく愛用しているSwatchは、数字が大きく見やすいシンプルなデザイン。今は廃番。

ブレスレットは旅先で見つけることも。ペンダントはグログランリボンが軽くて快適。

カメオと小さな碧玉の指輪。このふたつを左手にする。出かける前の儀式のようなもの。

いつの間にか存在感のあるブローチばかり。出番はなかなかないが、最近はコートにつけるのが楽しみ。

大きめのブローチは、丸襟コートや襟なしジャケットの胸元に。つける位置が難しい。

20代で鎌倉の家を出てから、ずっと東京暮らし。ぼーっと空を見るのが好き。

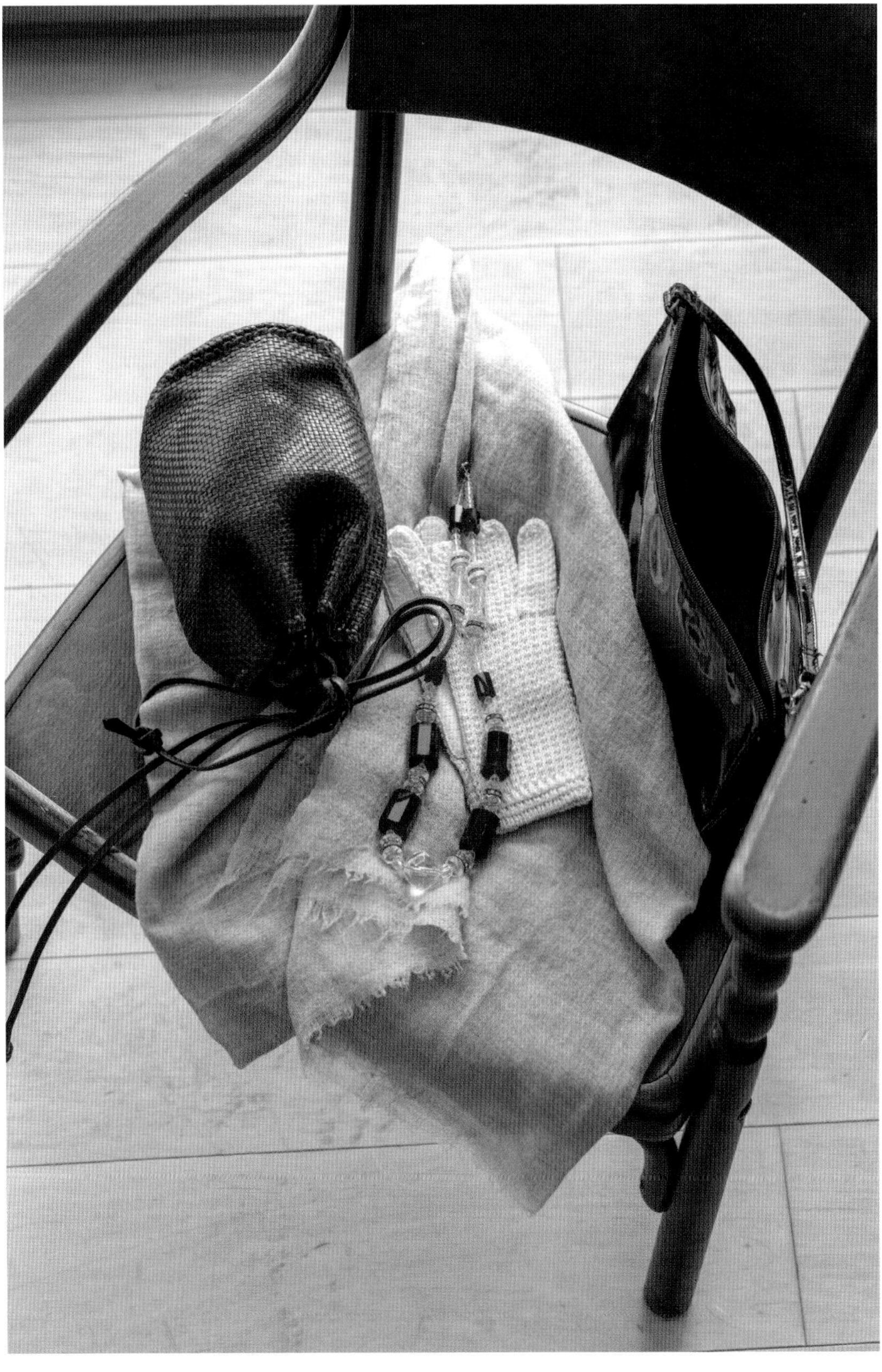

旅に出る時は、ショールと小さいバッグ、ネックレスを荷物に入れるのが習慣に。

長年使いこんできたパールのネックレス。大きさや色が微妙に異なっている。

母から受け継いだロングネックレス。三連にもできるがそのまま長くつけるのが好き。

数年前のある日、初めてロゴ入りTシャツをジャケットのインナーに着て以来、魅力に開眼。

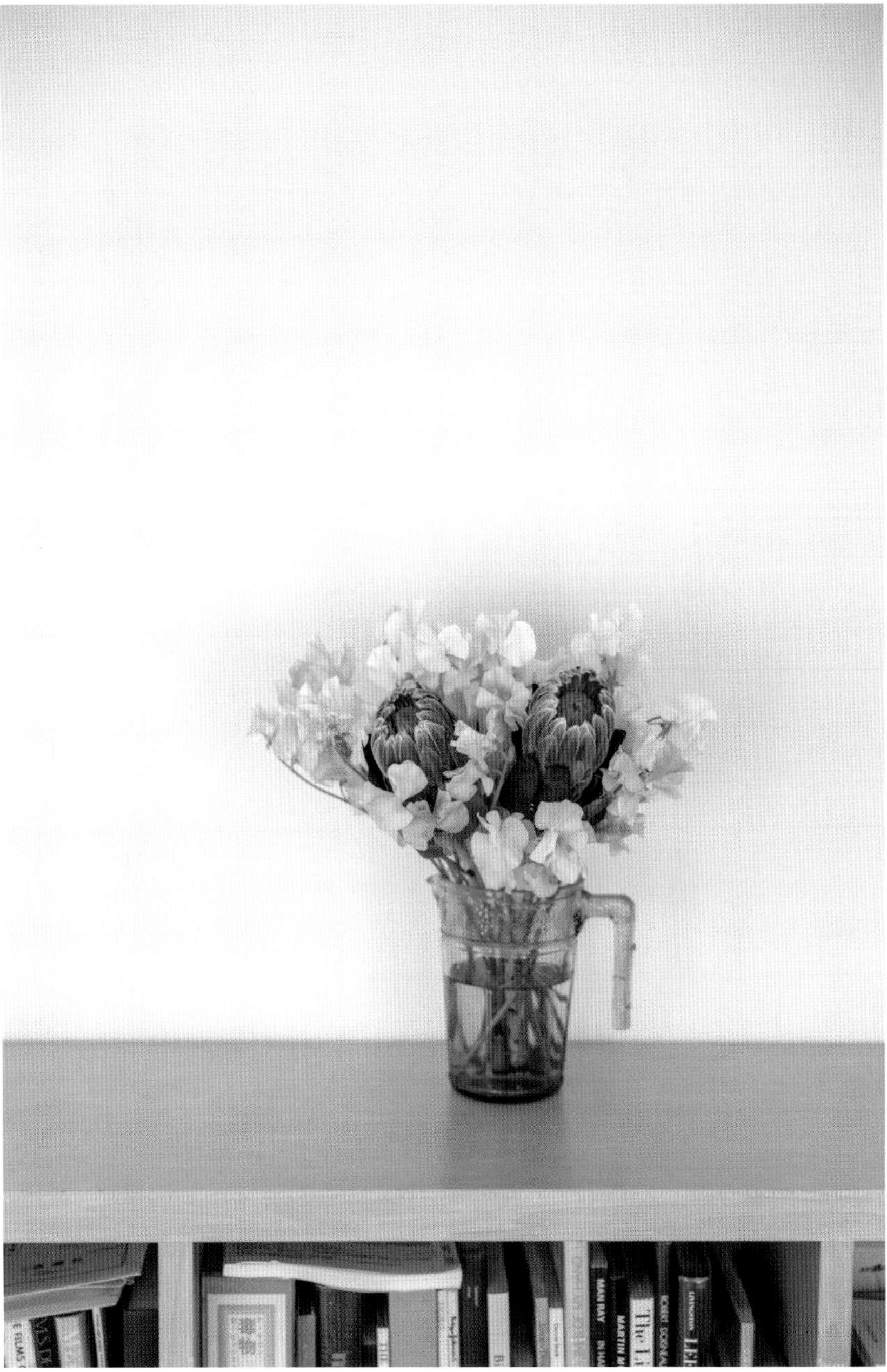

いつもではないけれど、花があると嬉しい。

立体的なレースの白いTシャツは長年のお気に入り。

素材も求めた時期もバラバラなのに、みな同じ赤。ある時「猩々《しょうじょう》緋《ひ》」という色名を知った。

雑誌や新聞に気になる記事があったら切り抜いてとっておく。これは高校生の時からの習慣。

麻の葉とアザミ、めだかと金魚。表面と裏面に違う柄が施された籠染めのゆかた。

高校生の頃からのスクラップブック。今見返しても好きなスタイルは変わっていない。

きれいなブルーも好きな色のひとつ。ブルーの刷毛目のシャツとチノパンは定番。

タータンチェックが好き。違った柄を重ねてもうるさく見えない。

肌寒いときは服の上にガウンを重ねて。丈が長く暖かなガウンは寒がりの必需品。

色も柄も作られた年代も違うバンダナたち。スタイリスト仕事で最後の仕上げにも。

何度も洗ってシルクのようにやわらかくなったバンダナを、カウボーイふうに結んで。

長年続けたパリコレの取材では、毎回一冊ノートを決めて、あれこれメモしていた。

アクセサリー

男性のピアスに驚くこともなくなったし、真珠のネックレスをして歩いている若い男子も東京の街では一度ならず見かけた。その時は驚くというより、いよいよここまできたかと感慨深く、男子だってやっぱり真珠の首飾りをしたくなるのよね、と共感もしていた。

コムデギャルソンとミキモトがコラボした真珠の広告が男性誌に登場してから、しばらくたった頃のことだ。広告では、きちんとした背広姿のシャツの首元につけられた真珠の首飾りが新鮮だった。街で見かけたのはTシャツとVネックのカーディガンに真珠のネックレスという組み合わせ。時によっては私もする装い方だったので、あら真似しないでという気分だった。

最近はノーアクセサリーというより、何かしらアクセサリーをつけている人が目につく。

といってもアクセサリーが主張しすぎるほどに目立つものをつけている人は少なく、どちらかというと習慣としていつものようにつけているという雰囲気だ。良く言えばこなれているのだが、もう少し目立つものをつける人もいてほしいと願うのは職業病と言えばよいだろうか。

私はといえば、アクセサリー類をつけるのが嫌いではない。シンプルな装いが好みだが、ちょっとしたアクセサリーを加えて自分流にしたり、なんとなく気分をあげたい時もある。気づく人がいなくてもひそやかに心楽しくいられるのは悪くない。無論、気づかれてほめられれば嬉しいが、他人の目は気にしなくなり、自分自身の気持ちが大切というのが正直なところだ。

少女時代の13年もの間、同じデザインのセーラー服を着て過ごした分、その後の服装計画については夢をふくらませ、あれこれ想いをめぐらせていた。ひとつ覚えているのは、自由な装いをする大人の女になったら、何か自分のテーマアクセサリーを持ちたいという野心をいだいたこと。そしてたどり着いたのがブレスレットだった。理由は単純で、当時のアメリカの若手女優ナタリー・ウッドが左手のブレスレットを自分のトレードマークにしていることを知り、なんとなくいいなと真似したくなったのだ。

こういった情報は物書きだった父の書斎に積まれていた１９４６年創刊の洋画雑誌『スクリーン』から得ていた。中学生になった時、父が留守の時なら書斎に入るのを許されたのだ。何かを動かしたら必ず元の位置にもどすことだけが条件だった。たくさんの本と雑誌に囲まれながら座りこみ、特に宇野千代さんの『スタイル』や『スクリーン』をじっくり丁寧に眺めて読むのは心躍る時間だった。

というわけでブレスレットは、深く考えての結果というより、あっさり決めたというのが正しい。ブローチやネックレスでは平凡だし、イアリングは自分には似合いそうもない。指輪は、いろいろ意味がありそうだ。その点ブレスレットは、まだ日本ではしている人も少ないし、ちょうどよかったのだ。

日常的にいつもつけていたわけではないが、何か可愛いもの、魅力的なものはないかと常に探し続けていた。73年のアメリカロケの時には、南部のメンフィス郊外の大きなスーパーでカラフルなプラスチックのブレスレットがたくさん売られているのを見つけて数個買った。それらは夏のファッション撮影でモデルさんにしてもらったことはあるが、自分ですることはなかった。パリコレ取材のあき時間に、パリらしい小さなアクセサリー屋で見つけたいくつかのブレスレットは、日常的に愛用した。籐や竹のシンプルなもの、木製だけど絶妙な色彩で美しく、しかもハッとする柄が描かれたもの、アンティーク屋で見つけた凝った細工のもの等だ。

今でもブレスレットは好きで気が向くとつける。あのココ・シャネルがよくしていたようなカフスタイプの太いものを堂々とするのが最高だが、自信を持ってつけるのはハードルが高い。せいぜい同素材の細いものを何本かまとめたり、鎖タイプの柔軟性のあるもののほうが無難かもしれない。ブローチのようにつける場所に悩まない点がよいと気軽に考えていたが、現実としては結構簡単ではないと実感している。

実は最初に自分の定番アクセサリーという感覚をもてたのは、ブレスレットではなくアンティークのパールのネックレスだ。青山の店で見つけたもので、二連のパールをラインストーンとシルバーの飾りでつなげてあり、華やかさがある。かなり長い間、何かの時には、いつもの紺のジャケットにプラスしてつけていた。イギリスのものだったようだが、しばらく後にパリのアンティーク屋で同じデザインの三連のブレスレットを見つけたこともあり、縁を感じて大切にしている。

そのネックレスのパールはイミテーションだが、気にせずにデザインを楽しんでいた。結果として、母が買っておいてくれた本真珠のネックレスを見直すことになり、気軽につけられるようになったのは収穫と言えるだろう。いわゆるチョーカーとロングタイプとを、時と着る服により、季節は問わずに楽しんでいる。よそゆき気分やパーティー用というより、カジュアルな服に適度な優雅さをプラスしたいという気持ちが正解かもしれない。

ファッション雑誌でアクセサリーをテーマにしたページの経験は数多くあるが、いつも目指していたのは、無難にではなく、かなりはっきりとアクセサリーの魅力を際立たせたスタイリングをすること。その通りにとり入れるのもいいけれど、そのページを見てアクセサリーそのものに興味をもってほしいと期待していたのだ。

指輪は意味がありすぎるし、大きさも小さいので、ファッションページではとりあげづらいが、自分ではよくしている。気づくと、外出する時に必ず、玄関に向かう直前につける指輪が決まっていた。パリのアンティーク屋で見つけた男の人の顔のカメオと小さな碧《へき》玉《ぎょく》の指輪だ。そのふたつを左手の人差し指と中指にはめると安心して外に出られる。何を着ているか、どこに行くかにはまったく関係なくつけている。

指輪といえば、大学生になった時にゆずられた祖母の指輪も思い出深い。祖母のミキモトの黒真珠の指輪と翡翠《ひすい》の指輪だ。大人の女になった実感を持てたのはそのふたつの指輪が後押ししてくれたおかげとも言える。お守りのように、そのふたつのどちらかをつけていた時期が続いたが、サイズが合わなくなったり気分が違ってきたりして、いつの間にか先に書いたカメオと碧玉の指輪に落ち着いていた。

先日見た古い写真の自分の手には、このふたつがすでに写っていた。80年代の写真だった。こんなに長くつけていたとは思いもよらず、死ぬまでつけ続けるだろうなと考えている。お気に入りに出会えた幸運に感謝したい。

ブローチ

アクセサリーが好きだが、これまでいわゆるブローチをつけることはほとんどなかった。普段の外出で着るのは、ジャケットかVネックのカーディガンが多い。私の持っているブローチは大きめの物が多く、重さもあるので、ニットにつけるのは難しい。ジャケットにはつけられるが、私が着るのは季節を問わず地味めの色のテーラードジャケットなので、襟元に大きめのブローチをつけるとカッチリかたい雰囲気が強調されて、さりげない感じにはならない。それが嫌でつけるのをやめてしまった。

どちらかといえば大きめのアクセサリーが好き。つけるなら主張しているものがいいとずっと思っていたのに、今はピンブローチにはまっている。目下お気に入りの椰子《やし》の木のピンブローチは、ちょっとユーモラスでのどかなイメージのおかげでリラックスした気分になれるのもいい。小さくて主張しすぎないから、ニットだけでなく黒や紺のジャケットにつけても程良いポイントになる。胸元につけてしまえば自分にはほとんど見えないし、つけていることとさえ忘れているわけだが、その何も気にならないところに引かれている。しまいこんでいたピンブローチを再点検して、ふたつ組み合わせてつけるのもいいなと思い始めている。

ピンブローチを外出のたびにつけるようになったせいか、改めてブローチを見直している。

少女時代の初アクセサリーはモザイクのブローチ。ブルー系の横長の四角だった。手にした時は嬉しかった記憶があるが、実際に身につけた思い出は残っていない。中学生くらいの時、イタリア旅行した伯父からのおみやげは典型的な楕円形で女の人の顔が彫られたカメオのブローチだった。小さな赤い箱に入ったカメオのブローチの記憶があるが、こちらもつけた記憶はない。当時愛読していた『ジュニアそれいゆ』の表紙に中原淳一が描いたイラストには、大きな瞳の少女の白いブラウスの胸元に楕円形のブローチがつけられていた。そのイラストこそ、いちばん心に残るブローチのイメージだ。

というわけで、少女時代の私にとってのアクセサリーはブローチだった。それなのにつけた記憶がないというのは、つける場所に悩んだあげくやめてしまったのか。よそゆきに気取ってつけてみても楽しくなかったのか。今となってはわからない。

イアリングやネックレス、加えて指輪は肌と直接にふれるのに対し、ブローチはなんといっても衣服につける。それだけに場所選びが難しい。よく言われるように自分の左胸につけるのが定番のようだが、つけようとするとそう簡単ではないことがすぐわかる。

ファッション撮影でモデルさんにつける時には、客観的に顔と全身を確認しながらだから、迷いはあっても、すぐに最良の位置を見つけられる。これが自分のことになると鏡の中の上半身を見つめながらここぞという場所を探し当ててつける。つけ終わって再度、姿見で確認すると、ちょっと違うということが多い。その前段階でも、襟つきのジャケットだと襟との折り合いのつけ方が難しく、なかなかきまらずに出かける時間がせまってくることになる。

それでもブローチをつけてみようと思うようになったのは、エリザベス女王のおかげかもしれない。亡くなってしまわれたが、ここ数年、テレビのニュース等でよく、お姿を日にするようになっていた。以前のように、どんな装いをしておられるかと意気込んで見るのではなく、なんとなくニュースで見ていたわけだが、ブローチをつけられていることが多かった。襟の下にはネックレスがちらり。それとブローチ。明るいきれいなブルーやピンクの帽子とお召物。年を重ねた女王がいきいきときれいに見える。装いのお手本のような姿が常にあった。

女王様なのだからあたりまえというのではなく、こんなに気品ある美しさを保たれている裏にある規律ある生活やご自分の立場に対する覚悟のようなものが察せられて、ひたすら敬服していた。ブローチはどちらかといえば、くずしてラフに装うというより、しっかり安定した美しさを強調するものとしてつけるほうが向いていることを認めざるを得ない気がしたのだ。

今の私は、大きめの金属カメオや色石の大型ブローチをコートの襟元につける。雑踏の中に買い物に行くのではなく、いつものギャラリーをのぞくために少し気取って。そんな気分に寄り添ってくれるのがブローチなのだ。

ブローチをつけるなら、男物と同じテーラードジャケットより、丸襟や襟なしのジャケットの胸元のほうが素直になじんでくれる。テーラードジャケットなら襟のフラワーホールに小さなピンブローチのほうが小粋にきまる。白いレースのハンカチを胸元のポケットにというのは、ブローチ以上の効果があることも。白っぽいジャケットに黒いレースのハンカチもありだが、品位をおとさないよう注意が必要だ。

ほぼテーラードジャケットばかり50年も着ているので、私の若い頃のブローチ離れはしようがなかったと今では考えている。おかげでピンブローチの魅力に出会えたわけだし。

目下楽しみにしているのは、コートにブローチをつけること。防寒用の超厚手コートではなく、一重仕立ての少し軽いコートの襟につけたい。

クローゼット

きっかけは高峰秀子さんとの対談[*1]だった。『ミセス』誌の創刊時から続いていた高峰さんの連載ページのファンだった私としては、その対談で高峰さんとお会いできることを楽しみにしていた。家まわりのことからお好きな骨董のことまで興味深いエピソードを生で聞く幸運に恵まれたことを今も懐かしく思い出す。

なかでも印象深かったのが、洋服は決めたたんすに入る分だけしか持たない、という話だ。新しい物がふえたら、必ずひとつ処分する。これをしっかり守っているということだった。

それから十年くらいたった頃だろうか、十分な大きさではないがウォークインクローゼットらしきもののあるマンションに引っ越した。あの時の高峰さんの言葉をいよいよ私も実行しようと張り切ったわけだが、正確に実行したと言えるのは最初の五年くらい。以後、少しずつふえている。

だが、この引っ越しを機に、それまでずっと考えていたことを現実化することができた。以前はあたりまえのこととしていた洋服の衣替えを、この頃からしなくなったのだ。

きものは月により、袷《あわせ》、単衣《ひとえ》、薄物《うすもの》と着替えるし、それに伴う下着や小物にも細かな決まりがある。四季のある日本だからこその衣替えの習慣であり、必要なものであったのも確かだ。私自身、セーラー服を着て過ごしたせいもあり、六月になったら白い夏服という感覚がしみついてもいた。ひとり暮らしを始めた頃は、まだそんな習慣が残っていて、セーターやコート等は夏になると片づける——といっても専用の場所があるわけではなく、戸棚の隅の箱に防虫剤と共につめこんでいた。

仕事が軌道に乗り、忙しくするようになると、常に季節に先がけることが日常になってくる。まだ肌寒い季節に夏物を撮影することも多く、インナーに使うTシャツ類は、一年を通しての必需品であることもわかってくる。

パリコレ取材では、常にワンシーズン先のコレクションを見るわけだが、同時に自分が着る取材時の仕事着にも常に頭を悩ませていた。日本ではコートを着る寒さは終わったからとジャケット中心の組み合わせでパリに着いてみると、まだ真冬の寒さだったことも。でも店頭ではコートはおろかショールさえも見つからない。反対に、着いて三日目くらいから突然初夏の暑さがやってきて、Tシャツ姿がちょうどよくなることも。出発前に一応パリの気温を調べたり、友人に尋ねたりもしていたが、当てにならないというか、日本との気候の違いを痛感する日々だったのだ。日本のように温暖に四季がめぐるのではなく(現在の日本はだいぶ違ってきたが)、一日の寒暖の差が激しい。それに伴う湿気の少ない乾燥した空気の中で、着る感覚がまったく異なっているのを実感するばかりだった。

70年代の初夏のパリで、白いTシャツと木綿のスカートに黒い革ジャンを着た若い人が、憎らしいほど格好良く見えた記憶がある。現在は日本でも見かける格好だが、当時は珍しく、落差のある素材の組み合わせが新鮮ではっとさせられた。

もうひとつ印象に残っているのが、みんな初夏の装いで歩いていた6月のある日のこと。やけに冷えるなと思ったその日、着慣れた毛皮のコートを着た可愛いおばあちゃんが犬を連れて歩いていた。そうか、寒いなと感じたら、夏のワンピースにお気に入りの冬のコートを羽織って散歩に出ればいいのだ。まさにアンティークという感じの着込んで身についた毛皮のコートが初夏の街に違和感なくとけこんでいて、なんだか懐かしい可愛さを感じた。

そんな経験を重ねて、洋服の衣替えはなしにしようと思うようになっていった。

夏と冬でクローゼットの入れ替えをするのは、私の場合、定番ボトムのパンツ類だけ。薄地コットンと麻のパンツは夏中心。厚手ウールのパンツは真冬だけのもの。それらは季節が終わったら、クローゼットの隅の専用の引き出しに。それ以外のチノクロスやいわゆるウール素材のパンツは通年はくのでクローゼットの定位置にかけておく。スカートは、私の場合シルク等で少し特別感をもって着ることになるので、パンツの横に通年ハンガーに吊るしている。

同じ所にコートも、オーバーも、レインコートもみなかけてある。上下二段になっているクローゼットには、ジャケットとカーディガンとシャツがかかっている。カーディガンはどの季節にもサッと羽織りたいから、一年中かけてある。肩のラインがきれいにおさまるハンガーを厳選して。

本棚のような棚にTシャツとプルオーバー類、パジャマの類、ショールを折り畳んでしまう。季節の変わり目に、少しずつ使用頻度の高いものを手前に出しておくぐらいですんでいる。

自分のスタイルの基本はパンツと決めてすでに50年近いが、このしまい方にしてから迷いがなくなった。何より、すべてではないが持ち物をしっかり把握というか、常に見て確認できていることが大切な気がする。

ずーっと居すわっていて、毎年処分を考えるが、やっぱり持っていたいと思えてハンガーに吊るし続けているアイテムがある。そんな十年前のジャケットが、ふと思いついて袖を通してみると、ピッタリ今の自分にフィットすることも。そんな時は、ふんわりと嬉しくなる。新しく買って二、三年はご機嫌で着ていたジャケットだが、ある日、今じゃない気がして着なくなっていた。でもお気に入りだし、嫌いになったわけではないのでハンガーに吊るしておいた一枚だったのだ。

70年代から80年代は流行の移り変わりが激しく、過激なデザインのものも多かったので、どうしても着続ける気分にならないものもあった。だが90年代以降は、丁寧に選んだ自分に似合うお気に入りなら、着続けられるものが多い。めぐってくる着るタイミングを上手にキャッチする楽しみもある。

コレクション取材で新しい洋服を見ながら、雑誌でとりあげるべき魅力ある新しさを常に探していた。同時に、私自身も新しい何かに挑戦する気持ちを持ち続けたいと考えていた。だが気に入った新しい何かを買って、それをずっと自分らしく着続けられるだろうか。新しい何かに出会うと、高峰さんの言葉を思い出す。クローゼットの中の何かを、新しく入った物のかわりに処分できるだろうか。今も手元にあるのはそれなりに愛着のある物なので、手放すことはできない。というわけで、よっぽどのことがない限り新人の入る余地はない。やっとその境地になれた気がする。ただし、かさばらないアイテムに関しては、自分を甘やかして買ってしまいがちだが。

そんな私にとって、気になることがひとつある。物をできるだけ少なく持ち、身のまわりを整理整頓する流れの中で出版されたたくさんの指南書の中に書かれている衣類の処分に関する指摘だ。

それは「3シーズン袖を通さなかった服は処分する」というもので、もう少し長い期間のものもある。確かに処分するのは持ち主の自由だが、ちょっと待てよ、という気持ちになる。

洋服も確かに物だが、一度は袖を通し身につけたもの。体型や環境の変化など、どうしようもないこともあるかもしれないが、少なくとも袖を通さなかった期間の長さだけで判断してほしくない。

焼却場に積み上げられた衣類の山や、他国に送りつけられた見渡すかぎりの不要衣類の映像を見るたびに胸が痛む。長年「衣」を仕事にし、新しい何かを人に勧めてきたことを後悔したくはないが、心がさわぐのは仕方がないのだろうか。

＊1『クロワッサン別冊 原由美子の世界 '81―'82秋・冬編』(1981年、平凡出版)

ガウン

冬になるとガウンが手放せなくなる。家にいて肌寒く感じるようになった時、普段着に重ねるのだ。パンツにセーター、またはTシャツとカーディガンの上に着て暖かくする。普通の暖房はあるが、どちらかといえば寒がりなので必需品になっている。

「どんなのですか？」とよく聞かれるが、私にとってのガウンは、いわゆるショールカラーでボタンはなく、ベルトとポケットつきの典型的デザインのもの。ガウンというとドレス的な何かを思い描いてしまう人もいるらしいが、そうではなく日常的に着る室内着だ。

子育て経験者から教えられたのは、赤ちゃんの授乳時代になくてはならなかったのがタオル地のガウンということだった。赤ちゃんをお風呂に入れる時の必需品だったようだ。型はまさしく私のガウンと同じで薄手のタオル製、ショールカラーを首にあててサッと羽織り、適当にかきあわせてベルトでしめればよい。脱ぐのはその反対でさらに簡単。目下の私が愛用しているガウンの素材はウールで、紺地のタータンチェック。ゆったりめのサイズだから、コートのように楽に羽織れる。

思い出すのは子ども時代の綿入れ半纏《はんてん》だ。お風呂あがりのパジャマの上に重ねるだけでなく、冬の夜の受験勉強や、寒い日の日常着として重宝していた。

育った家は典型的な日本家屋で、夏は涼しく快適に過ごせるが、冬のすきま風の冷たさは身にしみた。考えてみればあの頃の日本には、現在のようにエアコンは普及していなくて、こたつやストーブが暖房器具の主役だったはずで、今とはだいぶ事情が異なる。

私が高校時代まで着ていた綿入れの半纏は日舞の稽古で着古した銘仙《めいせん》のきもの。えんじに鞠の柄のお気に入りだったので、嫌いではなかったし、暖かいのは有り難かったのに、なんとなく違和感を持っていた。あの頃の私は、大人になって、あの半纏に代わるものを愛用するようになるとは、想像だにしていなかった。

そんな私が、東京に部屋を借りてひとり暮らしを始めた頃、やかんやモーニングカップやお鍋をそろえた後に探したのは、部屋着としてのガウンだった。

探し始めてみると、その手の衣料はまだ豊富にそろっていないことを痛感するばかりだった。それでも暖かそうな化繊入りウールの濃いブルーのガウンをなんとか見つけ出した。襟とポケットに薄いブルーの縁取りがあり、大満足ではないものの気に入っていた。

朝起きてパジャマの上にガウンを着て朝食をとれるのが嬉しかった。ひとり暮らしで、してみたいことのひとつだったのだ。ガウン生活を始めてみると快適で、春や秋にも薄手のガウンを愛用するように。

最初は、見つけるのもままならなかったガウンだが、段々と店に並ぶ種類も豊富になっていった。数年後にはナイトウェア専門のブランドもいくつかできて、パジャマやガウンを選ぶのが楽しくなっていた。

その後、食器や生活雑貨と共に室内着やニットも扱う生活ブランドのディレクターをつとめるようになってからは、海外出張のたびに、百貨店の売場や専門店を見るのも仕事になり、改めて洋服の歴史がある国のナイトウェアのバラエティーの豊かさに驚き、うらやましかった。あるセールシーズンに、たまたまロンドンのハロッズのガウン売場に行きあたったことがあるが、タータンチェックのガウンの豊富さに圧倒されてしまった。白髪のおだやかな感じの老人が、赤地タータンのガウンを丁寧に試着していた姿が今も目に浮かぶ。

しばらくして、ディレクターをつとめていた生活ブランドでナイトウェアを手がけることになった時、最初に作ったのはタータンチェックのガウンと男物のパジャマだった。

というわけで、今は三代目くらいになる紺地タータンのガウンを冬に着続けている。

ガウンを着続けていてわかったのは、旅先でのガウンの利便性というか重宝さ。年に二回のパリコレ取材に慣れてきた頃、思いついてビエラの薄地ガウンをトランクに入れた。部屋に運んでもらった朝食をとる時や、コレクションとコレクションの間に半端な時間があり、ホテルにもどって招待状を整理したりという時は、上着だけ脱いでガウンを羽織ればリラックスできる。早めにホテルにもどって夕食に出かけるまで時間がある時や、入浴後に少し仕事をという時にも重宝した。快適なホテル暮らしを助けてくれる大切な一枚だった。ただし薄手のかさばらないものという条件つきだが。

ショールカラーのガウンを日常的に着るようになり、ボタンなしの打ち合わせを深く合わせる時にいつも感じるのは、きものに似ているということだ。その時の気分で、ゆったり合わせたり、キッチリ深く合わせたり。深く合わせれば暖かいし、そこにベルトをきゅっとしめるとさらに暖かく、しかも少しシャンとする。

半纏も暖かいが丈は腰まで、前は無防備にあいていて風が通る。袖は短めで太く、洗いものをする時には具合いが悪い。現代にはやっぱりウールのガウンだなと合点している。まだ日本ではエアコンが珍しかった時代、アメリカのホームドラマでは、季節に関係なく室内は暖かそうだった。でも、あんなふうに生活したいと憧れたことはなかった気がする。

異常に暑い夏を経験して、命を守るためにもエアコンが必要と理解しているつもりだ。でも改めて、なるべく「自然の温度」とつきあいながら生活したいと考え始めている。四季のある日本で快適な季節には適温と自然の風をきちんと肌で感じたい。寒い冬には、半袖でいいくらいまでガンガンに暖めるのでなく、人それぞれの心地よい温度にして、あとは着る物で調節する。そんな暮らしがいい。限りある電力のことを考えると、そうしなければという思いにも駆られている。

バンダナ

別に大した理由はないが、バンダナが好きだ。紺か赤の木綿地にペイズリー模様、またはそれふうの模様がある大判のハンカチ。「バンダナ」というのはヒンドゥー語で絞り染めのひとつの技法の意味ということだが、誰もそんなことは気にしていないようだ。それよりこの、なんとなく似かよった柄が単色で表現されている55㎝から65㎝くらいの大きさの布地が、普段使いするスカーフとしては最高に使いやすいのだ。

まず木綿地なのがいい。ハンカチのように手軽に洗えるから頭にかぶっても首に巻いても気分よく使える。私自身が頭に巻くのは稀《まれ》で、もっぱら首に巻いて襟足を日差しから守ったり、首まわりの引きしめ役にしたりして便利に使っている。

いつから手放せなくなったかは記憶にないが、気づいたらスカーフの引き出しに、かなりの数のバンダナが集まっていた。仕事柄、撮影小道具としても常備品であり必需品なのだ。バンダナは、メーカーから借用し、ブランド名とプライスを明記して使う立派なシルクのスカーフとはちょっと違う使い方をする。コートやスーツやパーティースタイルのファッションページではなく、カジュアルな日常着をとりあげる時、手持ちのシンプルなバンダナは必ず撮影用荷物に入れる。

海辺の家のテラスで撮影していて、その時の日差しと場の雰囲気から、突然頭にバンダナを巻きたいとひらめくこともある。たっぷりのスカートに大きめの長袖シャツ。ブレスレットだけをアクセントに、できるだけシンプルに見せるつもりだったのに、ふと思いついて首元にプラスしたバンダナが生きることもある。ブランド名やプライスが記されていなくても、誰もがバンダナとわかる認知度の高さが安心感を与えてくれる。少し思い切った色合わせの中和剤のような役割を果たすこともある。

いわゆるスカーフとは異なるバンダナの魅力は、あくまでも無造作で、特別感を出すのではなく、見慣れていて気にならないこと。そうなると個性的という言葉の対極にあるようで、わざわざ身につける甲斐がないと考えてしまう人もいるかもしれない。でも、一度でいいから試してみてほしい。

　バンダナは、世界各地で十九世紀の後半頃から働く人たちが頭にかぶったり、首に巻いたりした布が始まりで、年月を経て一般化し、女の人のスカーフとしても普及した。バンダナといえば頭にかぶるものというイメージを持っている人も多いかもしれない。この場合は男の人が多く、まさにジェンダーレスなアイテムと言えるだろう。私のなかでは、一昔前の日本の女たちが無造作に手ぬぐいを頭に巻いた、かいがいしい姿が思い浮かぶ。

　私はバンダナを、男の人の実用品というか、カウボーイスタイルと結びつけて覚えてしまったところがある。モノクロテレビ時代の西部劇が頭にこびりついているせいだ。西部劇に登場する格好良いカウボーイから幌馬車《ほろばしゃ》隊の炊事係のおじいさんまで、ジーンズとシャツとカウボーイハット、プラス首元のよれよれの布きれ（実はバンダナ）が定番スタイルだった。現在のように鮮明ではないモノクロの画面だから、バンダナ柄をしっかり覚えているわけではない。

　テレビで古い西部劇を観ていたある時のこと。砂塵が舞い上がる中、馬を疾走させていたカウボーイの口元が、三角に折った布きれでマスクのようにおおわれていた。砂塵よけ、あるいは顔を見られないため。次の瞬間、勢いよく馬を止めたカウボーイがさっとその布を首元まで引き下ろした。その瞬間を見て、これこそがバンダナだ！　と大喜びした記憶がある。頭のうしろで結んだ二ツ折りの三角の布は、引き下ろされると、シャツの襟元に自然なしわでおさまっていたのだから。

バンダナを首元に巻くにはふたつ方法がある。三角に折って、その三角部分を背にして前で結ぶ方法。結び目を自然にセンスよくまとめるのは簡単ではないが、繰り返すうちに手早くできるようになる。

もうひとつは三角部分を顔の前にもってきて首の後ろで結ぶやり方。顔の下にちょっとよだれかけのようなドレープ入りの三角がくる。Tシャツや丸首セーターだけでなく、前ボタンをいくつか開けたシャツの襟元や、カジュアルなジャケットの首元にもおさまりがいい結び方だ。この西部劇でカウボーイのバンダナを見て以来、三角に折ったスカーフをまずマスクのように口にあてて後ろで結ぶ——を銀行強盗に入るギャングじゃあるまいし、と思いながらも実行している。

難しいのは、三角に折ったバンダナを首の後ろで結ぶ際に、どのくらい余裕をとるかということだ。あまり首にぴったりにして結ぶと窮屈そうだし、余裕をとりすぎるとだらしなくなる。それが、カウボーイのように口のまわりをおおって結んだものを引き下ろしてみると、首のまわりに程良い分量のドレープがおさまっていて自然に見えるのだ。西部劇での仕草を見て勝手に私なりに真似したので、正しいかどうかはわからないが、これが最適な結び方ということにした。襟元がTシャツ一辺倒だった夏のジャケットの気分が変わるのが新鮮で、一時はせっせとこの結び方のバンダナを襟元に。

紺地でスタートした私のバンダナ熱だが、今、手元にあって頻度高く使うのは黒地に白の二枚。典型的なものよりもすっきりした模様かもしれない。洗濯を繰り返し、木綿が薄く滑らかになってシルクのような肌ざわりだ。それと、メキシコで暮らした人から譲り受けた、くすんだ赤に黒が入っている典型的な柄のものも。

アンティークのバンダナ柄を集めた本を眺めていると、細かな水玉も結構ある。バンダナ柄に抵抗があるなら水玉でスタートするのもいいかもしれない。普段にさりげなくするなら水玉ほど安心な柄はないだろう。水玉の色と大きさと配置が絶妙な一枚に出会えたら、手放せない一枚になるはずだ。

ここまで格好良くセンスよくおしゃれに見えるようにバンダナを使うのを目指しているように書いてしまったが、実はそうではない。あとで「あの人、そういえばバンダナをしていたかも」と思い出す、そのくらいのさりげなさであってほしい。そのためには、とりあえず実際に使って慣れていくしかない。手際の悪かった包丁さばきが板前さんのように、とはいかないまでも、いつの間にか少しはさまになっている、そんな感じと通じる気がする。

おしゃれ関係のこととなると、なぜか形から入り、とりあえず格好をつけることに専念する。それも必要だが、究極は自分のものにすること。試してみて自分との相性が悪いと気づいたら、潔くやめる。そのくらい、ある意味、真剣に。そんなふうに何かを自分のものにする訓練として、バンダナは最適かもしれない。

無論、大判ハンカチとしての実用性にゆるぎはない。

ピンク

ピンクは嫌い。長い間そう思いこんでいたが、実は好きだったのでは、と気づいたのは、最近のことだ。

私が子どもだった頃の昭和20~30年代といえば、男の子はブルー、女の子はピンクというイメージがあった。着る物だけでなく、文房具や生活まわりの雑貨にも、なかば強制的にそのイメージがつきまとっていた。

女の子はピンクが好きでピンクを着たがるという、その固定観念に反発していたのだ。ピンクでなくても、いかにも女の子らしい色や柄のお弁当箱やお箸の類も嫌だった。我が家にはそんなものは一切なかったし、私自身、子ども時代にピンクを着せられた記憶もない。それなのになぜか極端に嫌っていた。

だが、私が中学生になった頃、母が淡いピンクのシンプルな丸首セーターを編んでくれた。すそのゴム編みの上の部分に男の子と女の子のシルエットの白い編み込みがあり、何となく心楽しく着ていた記憶がある。

思い返してみると、大学生になってから母が仕立ててくれた夏のよそゆきにも、薄いピンクの麻の上下がある。袖なしのトップスとスカートで、トップスの襟あきと袖口に母がカットワークしたもので、気に入っていた。色も相談して決めたはずだから、このデザインならピンクと私も納得してのこと。あの頃の私は、それが自分らしいというか、ぜひ着てみたいと思っていたはずなのだ。

実は、自分では忘れたいと思っていたピンクもある。

高校生になる頃、畳敷きの私の部屋にベッドが入った時、まず探したのはベッドカバー。横浜の元町で見つけたそれは、アメリカ製の薄いピンクで当時よく見かけた立体感のある素材が気に入っていた。加えて、その部屋の床の間にカーテンをつけることに。薄いピンク無地のブロードに少なめのギャザーを寄せたものを母に頼んで作ってもらったのだ。以来、それまでは開けたままのことが多かった廊下や隣室との境にあった障子や襖は、どちらも閉めたままに。プライバシーを保ちたかったのもあるが、家の中でピンクが浮いていると感じざるを得なかったのだ。大人になってからは、懐かしさと同時に恥ずかしさもある記憶に。ベッドがあるのはいいとして、なぜもう少し全体の雰囲気を考慮できなかったのかと悔やんでも後の祭りだが。ただし、あの時の私がピンクを好きだったのは確かだ。

そんな私だったが、大学を卒業する頃の夏のよそゆきは、黒のボーダーレース地の袖なしドレスと半袖のボレロジャケットだったから、このあたりから大人っぽくというか、大人の女らしさを意識し始めたようだ。

その後、学生気分の抜けないままのアルバイト生活の後、雑誌の編集部での仕事が始まったわけだが、最初の頃は、大学生の延長のような格好のままタイツの色に気をつかったりして、ちょっとだけ洒落っ気を出そうともがいていた。それが、スタイリストを自分の仕事にすると決心したあたりから、こちこちにかたくなって、着るものの色にも型にもこだわるようになっていった気がする。今になって思い返してみると、かなり真剣で誰に言われたのでもないのに切羽詰まっていたようだ。

ひとつには、どちらかといえば人見知りでひとりで黙々と何かをする仕事がいいと考えていたはずなのに、雑誌のスタイリストという、ともかく人が相手の仕事をすることになってしまったこと。加えて、ストレートな髪と丸顔のせいで若く見られることが多かったので、学生さんのアルバイトではなく、きちんと仕事をする大人の女に見えなくては、という思いがあったこと。ファッションの仕事となると、それなりの押し出しも必要。というわけで、自分のスタイル探しを始めてからは、必要以上にストイックに洋服選びをし、色についても考えるようになっていった。

自分がスタイリングするページに関しては、その時々の雑誌と、とりあげるテーマにそって洋服を決めるわけだから、特に色についての決まりはない。だが思い返してみると、その時々の好きな色、いわゆる流行色やその時代ならではの気になる色を多く使っていたに違いない。

そんな仕事生活が50年近く続き、ある時ふと、子どもから大人になるまで、言いかえると社会人になる前の、こだわりなく生活していた頃の色の感覚を、自分はいつしか心の奥深くにしまいこんでいたのではないかと気づいた。少女時代には素直にピンクを着ていた時代もあったことを思い出したのだ。

きっかけは、花屋にある好きな花を買うと、たいていピンクであることに気づいたことだった。手頃な値段で季節の切り花を買えるお店が、片道20分程歩く距離にあり、良い運動になるので週に一度、時間があれば通っている。目下のお気に入りはラナンキュラス。黄色やオレンジもあるが、ピンクがいい。あの微妙なピンクの薄い花びらが重なりあったこんもり丸い花を、気に入った花瓶に少し贅沢に入れて棚に置く。するとほっこりと嬉しくなるのだ。ピンクのヒヤシンスをアンティークのグリーンのガラスの花瓶に入れて、少し気取った感じに飾るのもいい。

仕事を始めて花屋で花を買い求める余裕ができた頃によく選んだのは、良い香りのする花だった。実家の庭にあった沈丁花《じんちょうげ》や金木犀《きんもくせい》、それにくちなしの香りも懐かしく、庭のない住まいでも自然の香りをと、くちなしやジンジャー、水仙の季節を楽しみにしていた。

枝物に凝ってみたこともある。程良い大きさの壺を手に入れて、それに無雑作に入れるのが嬉しくて、いろいろ試していた。数年後には扱いやすかったはずの大きさも重荷になり、いつの間にか水のとりかえが体力的につらくなり、ぷつりとやめてしまったが。

最近は目的を持って花屋に行くことはなく、好きなものを見つけたらという気分だが、いつの間にかピンクの花を選んでいる。花びらのやわらかさに守られているピンクという色を見ると、素直にきれいだなと思う。

そのピンクが布地や陶器の色にあっても、なぜか心引かれることなく過ごしてきた。ただし最近は百円ショップに置かれているプラスチック製品に程良いピンクが色づけされていてハッとすることがある。

自分のピンク好きを素直に認められるようになったからなのか、最近、新しいピンクとの出会いがあった。久しぶりの花見の茶会で目にしたピンクの抹茶茶碗。シンプルな平茶碗で、その優しいパステル調の色合いと抹茶の色との見事な調和。茶室の畳の上で何の違和感もなく、黒茶碗や小井戸茶碗とも自然になじみ、ピンクの焼き物なんてという思いは吹き飛んでいた。お茶にはまったくの素人の私が言うのは生意気かしらと思いつつ。

よく思い出すのは、実家の生け垣の中で、時々ひっそりと咲いていた侘助《わびすけ》の花。つつましく日本的なはかないピンク。もうひとつは裏庭に咲いていた乙女椿《おとめつばき》のピンク。こちらは和でありながら少し洋の風情もあるのが嬉しくなる。

というわけで、長年ピンクは嫌いと思いこんでいた私だが、実は美しいピンクは大好きだったのだ。一口にピンクといっても、花によってその色は微妙に異なる。濃いめだったり、ぼかしが入っていたり。でも、何色？　と問われたら素直にピンクと言うしかない。そんな優しいピンクが好きだ。

たかがTシャツ

Tシャツの苦い思い出がひとつある。大袈裟かもしれないが、楽しくはないから、やはり〝苦い〟と言ってよいのだろう。

1971年に初めてパスポートを取得した時に、顔写真撮影のために着たTシャツのことだ。1970年に創刊した雑誌『アンアン』のELLEのページの仕事にやっと慣れてきた頃のこと。秋に予定されていたヨーロッパ取材ロケに私も参加することになり、すぐにパスポートをとるようにと言われた。

会社でプロのカメラマンに撮影してもらった顔写真その他の書類をそろえて申請にいったところ、顔写真がNGだと言われてしまった。襟なしのTシャツだからということだった。というわけで撮り直した写真を持って、再度申請に。時間的に間に合ったからよかったものの、気持ちは納得していなかった。

Tシャツはもともとは下着。干すとTの字のようになるからTシャツと言う。後にスタイリストの仕事をするようになり、何度もこの説明を書いたりするとは夢にも思っていなかった頃のことだ。

撮り直した写真では、丸首だが、縁取りが細いパイピング仕様になっているシャツを着ていた。なぜこれで撮影したのか、もはや記憶にないが、いろいろ悩んだ末の選択だったはずだ。この変更でOKになったことに対する不信感は今も変わらない。ちなみにその5年後に取得したパスポートの写真は、白い襟つきシャツの上にジャケットを着て、襟をジャケットの上に出し、ブローチをつけ、首元には細いストライプのストールをするという「ジャケットの襟元コーディネート」の実例のような顔写真だ。二度と繰り返したくないにしては、やりすぎと今となっては苦笑いしかない。最近のパスポートを確認したら、顔写真が首元ギリギリまでとなっており、少しだけ写っている襟の部分を見ても、何を着て撮ったのかわからないようになっていた。

この苦い思い出となったTシャツ写真がNGになったのは、1971年のこと。世界的にTシャツがファッションのアイテムとして登場し、認知されたのは1950年代。その後、世界中に日常着として広まり、Tシャツとジーンズは男女関係なく装いとして定着していく。

60年代にはヒッピーが登場し、ロンドンのパンクブーム等も加わり、Tシャツもロゴやマーク入りと、ヴァリエーション豊かに変容していく。

そんな中で出会ったのが、あるイギリス人デザイナーのショーで発表されたTシャツだった。「FREEDOM」等、ウーマンリブ的なスローガンが白地に黒ではっきり印されたTシャツが次々に登場し、そのメッセージ性は強烈だった。ファッションには、こういう力もあると認めざるを得なかったが、言葉でのメッセージには違和感があった。ファッションを仕事としているのだから、自分はこの手のTシャツを着ないでおこうと、ごく気軽に心に決めた。その軽い気持ちが結局40年も続いてしまうとは。

少しの例外はある。自分が着るTシャツは無地か霜降りグレーに限ると決めていたはずなのに、ミッキーマウスの元祖オズワルド・ザ・ラッキー・ラビットのTシャツを見つけた時は素直に欲しくなり買い求めた。若手デザイナーによる霜降りグレーに不思議な花プリントがされたもの等も。それ以外にもオープンや催事の記念にいただいたロゴやマーク入りのものも着てみたいと手元に残していた。ただし、それらを着るのは休日やプライベートの外出の時だけ。着ると、ごく自然に仕事から解放されたお休み気分になれる醍醐味は捨て難いものだったのだ。

されどTシャツ 1

クローゼットのTシャツの棚に、ここ10年近く居すわっている一枚がある。純白の半袖Tシャツだが、前身頃部分だけがTシャツ地のレースになっている。レース部分は花模様が太めの糸の刺繍で表現されている。花や葉の部分がカットワークの立体的な刺繍になっているが、〝いかにも〟のレース感がない。むしろ無骨だ。

繊細で優雅なレースではなく、Tシャツ地のレースなのに、清潔な華やぎを感じて、一目で心引かれたのだ。店頭でよく見ようと近寄ったら、色違いの黒も。欲しい、どうしようと迷ったのは一瞬のこと。心のどこかで「これは絶対に手に入れなければ」と感じていた。

Tシャツを、フェイスカバーをして試着。太い糸の刺繍があるために前身頃はかなり厚手でしっかりしていて、着てみると普通のTシャツのようなカジュアル感はなく、むしろきちんとしたたたずまいに。真夏には暑いかもしれず、ジャケットやカーディガンの冬物のインナー向きのようだった。その思わく通り、白を求めたのは正解で、真夏を除くオールシーズンのインナーとして10年以上も着続け、今も大切にしている。

私が出かける時に着るのは、四季を通じてほぼ、パンツとジャケットかカーディガン。時にはワンピースやスカートもありだが、パンツスタイルのほうが圧倒的に多い。インナーは、季節に応じてTシャツかセーター、シャツまたはブラウスということになるが、ほどんどの場合はTシャツだ。

Tシャツは、ジャケットやカーディガンを重ねた時、着心地良くおさまりがいい。仕事にしろプライベートにしろ、着ているものが気になるのが、いちばん落ち着かない。家を出たら何も気にすることなく行動できる服装をしていたいだけのことなのだ。若い頃は下にシャツを着るのも嫌いではなく、いろいろ工夫するのが楽しかった時代もあるが、今はもっぱらTシャツだ。

結論としては私の場合、シャツとジャケットの重ね着は、襟元の感じが落ち着かない。袖口も、お気に入りだが男物のジャケットだったりすると、シャツのカフスとの始末がすっきりしない。男性の背広とシャツとネクタイをきちんと定番通り着る装いが、これほどまでに世界中で定着していることを思うと、ジャケットとシャツをカジュアルに着崩すことなどは考えないほうが良いのかもしれない。

Vネックのカーディガンとシャツの相性は悪くないが、こちらも襟元や袖の重なりのことを考えると、積極的に着たいとは思わない。シルクのシャツだときれいに着られることもあるが。

仕事では数えきれないほどの、そんなスタイリングをモデルさんに託して撮影し、雑誌のページにもなっている。自分でも気に入って同じように着ていたこともある。そのせいなのか、自分が日常的に着る分には、できるだけシンプルに単純なのが良いと思うようになった。

この白いレースのTシャツは、いつものパンツスタイルを少しだけ格上げしたいと思った時に、無意識に身につけている。他にもレースのブラウスやシンプルなセーターとパールのネックレス等いろいろ試したわけだが、このレースTシャツがいちばん。見ようによっては、レースの質感は伝わらず、単なる白いTシャツに見えているかもしれない。でも、それで十分。私自身が気分的にいつもより少しハレ気分になっているのが大切だと感じている。Tシャツをインナーとして着ると落ち着くのは、ルーツが下着だからこその安定感なのだろう。出会えたことに感謝しているTシャツだ。

されどTシャツ 2

仕事で外出する時の定番は、パンツスタイル。カーディガンかジャケットかが、その日の仕事に対する心構えを少しだけ反映しているかもしれない。インナーは寒い季節にはニットも着るが、ほぼTシャツ。足元は、以前は革のフラットシューズだったが、ここ最近スニーカーに変わったことから異変が始まったと言うと大袈裟だろうか。

靴がスニーカーに変わったことで、私の頑固な定番スタイルが活性化されたと当初は気楽に考えていたわけだが、ことはそう簡単ではなかった。

ある日、いつものように白無地のTシャツにニットジャケットを重ねながら、何かモヤモヤとした気分になり、チグハグに思えてきた。そこで、もしかしてと思いながら、昔記念品でいただいた霜降りグレーのTシャツを着てみることに。グレーの地に黒と白の英文字と数字が入ったTシャツで、休日のお気に入りだった一枚だ。その上にジャケットを重ねると、Tシャツのラフさとのおさまりがいい。無地より良いかも。スニーカーをはくと、それは確信に変わった。

以前だったら、白無地のTシャツでもの足りないと思ったら、パールのネックレスやペンダント、または首元に黒白のバンダナ等をプラスしていた。でも今はそのどれもがピンとこない。今の気分ではないのがはっきりしていた。

というわけでその日は、その英文字入りの霜降りグレーのTシャツを着て仕事に。打ち合わせ相手からも何も言われず、私ひとりがドキドキしていた。ロゴ入りTシャツの効果と実力はあなどれないと実感し、ホッとしたことを覚えている。

良いと信じて着続けているうちに、それが自分の定番スタイルとなる。それが悪いとは思わないが、慣れすぎてしまうと緊張感を失い、自分で見ても活気のない装いになってしまうということなのだろう。

ロゴ入りTシャツ一枚で仕事着としての押し出しがなくなる時代ではないことはわかっていたが、認めたくない自分がいた気がする。それを改め、これこそが程良いカジュアル感のある装いだと自信を持つことにした。遅すぎたロゴ入りTシャツデビューではあるけれど、嬉しい発見でもあった。

その日から、センスの良いロゴ入りTシャツ探しが急務になったが、あせらずに、お気に入りに出会いたいと目配りを続けている。

服装のカジュアル化が進むばかりの風潮には疑問を持つ私自身が、せっせと自分の装いのカジュアル化に励んでいるようで落ち着かない気分もある。カジュアルはカジュアルで楽しみつつ、時により、きちんと装うことで身の引き締まる思いや、程々の緊張感を感じることを大切にしたい気持ちは変わっていない。

そんな私が時々、ふと思い出すのは、ジョルジオ・アルマーニが着ているシンプルなTシャツのことだ。コレクションの最後に登場する彼自身の半袖Tシャツ姿がずっと気になっていた。短めの半袖で、この上なくシンプル。シンプルなパンツにそれだけを着て現れるいつものスタイル。

来日した時のショーで実際に見て確認もした。モノクロのドキュメンタリー映画で、そのTシャツがズラーッと並んだクローゼットを見て、やっぱりと納得した。なくてはならない大切な一枚をこれだけそろえている徹底ぶり。その美意識の高さと自信が、高齢であることも乗り越えて、コレクションを発表し続け、その体形や雰囲気を保ち続けている理由。緊張感はとぎれない。

数年前、日本での男物展示会で、そのTシャツが商品になっているのを見た。黒だと思っていたが濃紺だった。あくまでもさりげない上等な質感と深い紺に絶妙な袖丈。黒のコットンパンツと合わせるのが定番。言ってみればカジュアルそのものなのに、伝わってくるのは緊張感のあるストイックな静けさだ。Tシャツがこんな表情も見せるのだと、教えてくれた気がする。

制服

私でよいのだろうか。子どもがいないし子育ての経験もない。最初に頭をよぎった問いかけだった。

ある婦人誌から、子どもの特集をやるので子ども時代にふれておきたい物をいくつかあげてコメントしてほしいと依頼された時のことだ。私に要求されたのはファッションのプロとして衣に関する物を、とのこと。雑誌のファッションページに長年関わってきたので応じたかったが、一瞬ためらいがあった。担当者に尋ねると私でよいとのこと。そこで、物というより事というか、服装にまつわるさまざまな事柄になりそうだがそれで大丈夫ならと伝えると、それで良いと。

この依頼があった時、私の頭にまず浮かんだのは制服のことだった。制服の記事は新聞でもよくとりあげられている。男女別ではなく同じ上着でパンツかスカートかを選ぶジェンダーレスを意識した制服が主流になりそうな兆《きざ》しもある。それはそれで時代の流れと受けとめている。

それより私が気になっていたのは、制服を自由な発想や個性を妨げる悪いものととらえて、ないほうが良いと考える人も少なくないということだ。経済的負担を指摘する人も。反対する気持ちも理解できるので、着せたくない人、着たくない人に無理にと言うつもりはない。でももし志望校に制服があったら、難しく考えず、むしろラッキーととらえる人もいてほしいのだ。

学校に通う時は制服を着る。勉強するために行く所が学校なのだから。遅刻しない時間に起きて朝食をとり、制服を着ていつものように学校に向かう。毎日繰り返すうちに無意識に制服を着ていることになるが、それは着るものを目的のために意識せずに選んでいるということなのだ。

学校から帰って普段着に着替えると、ホッとするし気分もリラックスする。私の場合は女学校で幼稚園から高校三年まで実に13年間も、それを繰り返していた。さすがに大学は男女共学、制服なしのところに行きたくてそうしたが。この13年間のまったく同じ制服生活は、特殊なことかもしれないという自覚もあり、自分では深く考えないようにして過ごしていた気がする。

そんな私が90年代後半にユニフォームの企画の仕事をすることになり、自分の制服体験をじっくり思い起こして考えてみる機会があった。

記憶が曖昧なことも多かったが、先にも書いたように、毎日無意識というか当然のこととして制服を着て学校に通っていた。ひとつはっきりしていたのは、自分が着るセーラー服を嫌いだと思ったことはないということだった。典型的なセーラー服で、紺のプリーツスカートに夏は白、冬は紺のセーラーカラーのトップスの組み合わせ。その典型的なシンプルさに飽きることはなく、愛着がわいた13年間だった。

同級生たちとは制服が嫌だと話したことがあったのかもしれないが、むしろ良かったという思いのほうが強い。学校に行く時はセーラー服と決まっていたから、休みの日に私服を着た友だちと会うと思いがけない発見があった。中学生くらいになると、その私服の趣味で新しい仲良しができたことも。好きな制服を着て学生時代を過ごした自分は運が良かったのかもしれないと気づいたのだ。

今のように巷に洋服があふれていなかった昭和30年代だからこそ感じられた、のどかな幸福感だったのかもしれない。制服というものは機能性と共にシンプルな美しさが共存し、加えて着る本人が好きと思うことが何より大切なのだと改めて確認した。これは学生の制服だけでなく、仕事着としてのユニフォームにも通じている。

今のように豊富に物がある時代にたくさんの情報に囲まれて育つ子どもたちは、自分の好き嫌いにも早くから目ざめて、制服が好きになれない子も少なからずいるのだろう。そんなことを思うと、私自身の制服体験を押しつける気にはならない。それでもなお、制服って悪くないと考え続けている私なりの気づきがあったことを、おせっかいは承知で伝えておきたいのだ。

大袈裟ではなく、衣服を着て生活しているのは生き物では人間だけ。アダムとイヴの時代が終わってからは人間は何かを纏《まと》って生活するしかなくなった。今では衣服というものが良くも悪くも豊富にそろっている。ただし地球上にはそれも程遠い国があることを忘れたくないし、だからこそ恵まれているなら、大切に着たいという思いも強い。いろいろそろってはいるけれど、何を着るか決めるのは簡単ではない。むしろ選ぶ範囲の少なかった昔より悩みはずっと深いようだ。

私の仕事柄もあるが、何かあるにつけ「何を着ていいかわからない」という声をよく聞く。ＴＰＯを気にしすぎることなく程良くカジュアルなのが格好いいと言われても、ますます悩みは深くなるばかり。時代の波にコロナ禍も加わって、平服指示の集いも多くなり、着るもの選びの迷いは尽きないようだ。

そんな時、ふと自分をふり返り、時により何を着るかという悩みは仕事を始めて以来ずっと続いているが、なんとなく自然にこれと決めていたのに気づき、やっぱり仕事がスタイリストなんだから当然よねと軽く考えていた。「〇〇の日のための装い」といったタイトルのページをどのくらい作ってきたかの記憶は曖昧だが。

大学を出てアルバイト的な仕事を始めた当初は、大学生時代と変わらない服装をしていた。だがスタイリストを仕事として選び、真剣に取り組み始めるようになると、仕事をする大人の女らしく装う必要を痛切に感じるようになった。

パリコレ取材時に出会うようになったさまざまな国の取材者を見ながら、結局はその人らしい装い、何を着るにせよ、服よりその人が際立つことが大切、という漠然としたイメージで探し続けて、今の私のパンツスタイルになった気がする。それは考えてみれば私自身の制服とも言える。

制服は子どもにとっては礼服でもあるから、冠婚葬祭には手入れをしてきちんと着る。いわゆるよそゆきは、制服とは異なる少し楽しさのあるもの。家にいる時の服と出かける時の服といった区別も、制服が基礎にあるので自然な流れができていたようだ。制服を着続けていたことで、その他の服に対するしっかりした思いのようなものが気づかぬうちに身についていた。おかげで、自分の大人としてのスタイル――これこそが私の仕事用の制服だったわけだが――が決まってからは、自分では意識していなかったが、あまり迷うことはなかったように思う。

改めて制服体験に感謝している私がいる。

ジバンシィとオードリー

だいぶ前のことになるが、たまたま仕事で訪ねた地方で商店街のセールにゆきあたったことがある。数メートルおきに貼られたセールのポスターにはオードリー・ヘプバーンの顔が。一瞬、オードリーの名画祭でもやっているのかと思ったが、すぐにポスターのメインビジュアルとわかった。オードリー・ヘプバーンという女優さんが、いかに日本の隅々にまで根付いた存在であるかを実感して、感慨深かった記憶がある。

広く知られたポピュラーな存在でもあるオードリーだが、私にとっては『麗しのサブリナ』の衣装にまつわる、デザイナー、ユベール・ド・ジバンシィとオードリーのエピソードを思い出すたびに、尊敬の念がこみあげる稀有な存在でもある。

オードリーのハリウッド第一作は『ローマの休日』（1953）。アカデミー監督賞を三回獲得している名匠ウィリアム・ワイラー監督のこの作品で、24歳の彼女はアカデミー主演女優賞を獲得している。

この『ローマの休日』がまだ撮影中の頃に準備されていたのが、こちらも名匠といわれるビリー・ワイルダー監督による『麗しのサブリナ』(1955)だった。おかかえ運転手の娘であるサブリナがパリに遊学し、見違えるように美しく洗練された女性として帰ってくるというストーリーだけに、ファッションが重要なことは言うまでもない。

監督のビリー・ワイルダーとヘプバーンは、パリ帰りの主人公サブリナの衣装をハリウッドの専任デザイナーに任せるつもりは全くなかったという。彼女のファッションに対する感覚を信頼していた監督は、その選考を任せていたといってもいい。彼女が最初に依頼したいと望んだのは、当時すでに大御所だったクリストバル・バレンシアガだった。だがコレクションの準備で多忙ということで断られてしまった。次に選んだのがジバンシィだったのだ。スキャパレリから独立して自身のメゾンを立ち上げたのが1952年。ヘプバーンの依頼は翌53年のこと。彼もまたコレクション(当時のパリ・オートクチュールコレクション)の準備に追われていたが、その申し出を受けることにした。

「ミス・ヘプバーンが会いに行く」と伝えられていたジバンシィは、キャサリン・ヘプバーンだと思い、引き受けたという。だがそこに現れたのは、すでに名女優として名高いキャサリンではなく、初めて見る24歳の若い女性だった。育ちが良く26歳ですでに優雅な大人の風格を漂わせていたというジバンシィは、自分の失望を顔に出したりはしなかった。ただ、彼女に魅力を感じながらも、多忙のため洋服を創る時間はないと告げた。そこで彼女は、すでにあるコレクションの中から選ばせてくれと、くいさがった。ジバンシィは彼女のセンスもファッションに対する情熱も知らなかったが、その頼みを受け入れた。

初めて会った若い女性を信頼し、アトリエの服を自由に見せる度量の大きさは彼ならではのものだろう。その信頼にこたえてパリ帰りのサブリナが着る三点の衣装がオードリーによって的確に選び出されたのだ。その時、共通のセンスを互いに感じ、信頼し、引かれ合ったからこそ、以後の長い映画衣装を通じての共同作業と兄妹のような友情が育まれることになったと言える。

それにしても、すでに大女優であるキャサリン・ヘプバーンだからこそジバンシィは引き受けたと思うのだが、そのジバンシィはまだ無名だったオードリーの熱意と真剣さを怒りも落胆も見せずに受けとめた。オードリーはと言えば、初めて見たオートクチュール作品の中から、これしか考えられないというような三点の衣装を選び出している。その場面を想像するだけで、うらやましいとしか言いようのないふたりの共通の美意識を感じてしまうのだ。

サブリナの衣装でもうひとつ忘れてはならないのが、パリへ行く前の日常着と、パリから帰国後のヨット着などのカジュアルな服はハリウッドの実力派デザイナー、イーディス・ヘッドがデザインしていることだ。ちなみに『ローマの休日』の衣装も彼女だ。白い長袖シャツの首元をぴっちりしめて、普段着の王女らしく長い髪をたらした姿から、あの有名なショートカットの快活な姿に変身した後は、シャツの襟元をあけ、袖はフレンチスリーブのようにまくりあげる。加えて首元にはスカーフをプラス。一枚のシャツだけで映画全編をもたせてしまう実力は脱帽ものだ。無論オードリーの着こなしセンスがあってこそだが。

ヒッチコック作品の女優たちのセンスの良い美しさもイーディスが手がけたからこそのものだ。そんな彼女と、パリのオートクチュールデザイナーとの理想的コラボレーションがサブリナの衣装だったのだ。ハリウッド全盛期ならではの、この見事な使い分けが、衣装全体の完成度を高めている。イーディスがパリ分を担当しても、そこそこのものになっただろうが、すでにあったジバンシィのコレクションの中からヘプバーンによって選ばれたシンプルだが品位と格調のあるスタイルは、今見ても古びないオートクチュールならではの普遍的な美しさがある。

これには後日談があり、『麗しのサブリナ』にジバンシィの名はクレジットされていない。ハリウッドの実力者イーディスの力が働いたという。ジバンシィはさして気にとめなかったそうだが、怒ったのはヘプバーン。その埋め合わせもあって、彼との共同作業が続けられたという面もある。結果として『パリの恋人』(1957)は、これぞジバンシィ作というヘプバーンのために創られたパリモードが見られる美しいカラー映画となっている。ちなみにこれもカジュアルな普段着はイーディスが担当したことで、映画のリアリティーが保たれている。

若い頃のように大感激ということはないが、心躍る映画衣装を見た時のトキメキやワクワク感は忘れたくないと思っている。それにしても見事なお手本に出会えていたのだと感慨深い。

実は私自身の後日談がある。パリコレ取材のため滞在中だった91年のこと。ガリエラ宮で開かれたジバンシィ展のオープニングパーティーの招待状が届いたのだ。

そこには、『麗しのサブリナ』のパーティー場面で使われた白いイヴニングドレスも飾られていた。まだ高校生だった私の心に強くきざまれた限りなく華やかなドレス。モノクロ映画で見てずっと記憶に残していたそのドレスの実物は、白に黒だけで花を表現していた。すっきりと清楚で大袈裟ではなく、裏切られたと感じるくらいにモダンだった。改めてジバンシィとオードリーの共通のセンスを感じ、長年の謎が解けたような嬉しさがあった。

黒いシンプルなドレスを着たオードリーが挨拶のために白髪長身のジバンシィに寄り添う姿はあまりにも自然で、一流デザイナーと有名女優という雰囲気は感じられず、長年の友人どうしの静かな安らぎだけが心に刻まれた。

平服

ドレスコードが記されたパーティーに初めて出席したのは80年代のことだ。世の中が元気で勢いがあった時代と言えるかもしれない。

「スポーティーエレガンス」といったお題の場合は、あまり悩むことはなかった。生意気かもしれないが、いつもそんな感じを目指しているつもりだったから。それが実質的な「ブラックタイ」となると、招待状を真剣に見つめた記憶がある。ハイブランドの日本進出記念ショー等の場合だが、男性はタキシード、女性はそれに類するものということになる。いろいろ悩み、試行錯誤の末、私の場合は、タキシードジャケットスタイルに落ち着いた。ドレスは着ても落ち着かない、という以前に持っていない。女物のタキシードジャケットと側章《そくしょう》つきのパンツ、それにシルクのTシャツとアクセサリー等で、自分なりのドレスアップをする。

会場によっては、ロングのイヴニングドレスの人もいれば、膝丈ドレスの人もいて一様ではない。その後のパリコレ取材時にも、何度か「ブラックタイ」の場を経験した。旅先で、きちんと対応できないケースもある。そんな時は極端にカジュアルではなく、どこかにその場に出席する喜びを感じさせる、その人らしい装いなら許されるということだ。多様なタキシードの間にまぎれこんだ清潔感のあるダークスーツの人が妙に格好良く見えたこともある。

最近は少なくなったドレスコード指定のパーティーだが、反対によく目につくのが「平《へい》服《ふく》」という指定のある集まりだ。コロナ禍でお葬式を内輪ですますことが多くなり、かわりの「お別れの会」は「平服」指定が多いようだ。いくつか経験して、喪服の人も必ず目につくし、準喪服の感じに黒でまとめたり、濃紺やグレーの人もいて、こういうことなのだなと納得できる雰囲気がある。誰もに共通の認識がある喪服がある分、ぶれがない安定感が感じられる。

そこへゆくと、ハレの場での「平服」指定はいろいろ問題をはらんでいるようだ。

数年前にあった友人の食事会の招待状には、「平服」と記されていた。五〇周年を祝う会で格式ある会場での着席の昼食会とわかっていた。例によって悩み、大袈裟すぎず少し華やかにと、白いトリミングのあるグリーンのシルクのオーバーブラウスとパンツ、大さめのアクセサリーという装いに。身じたくをととのえながら、きものなら何を着るべきかと想像した。ある雑誌できものの連載をしていたので、ついそんなことも頭をよぎるのだ。「平服」となると訪問着や附け下げでは重いから、小紋《こもん》になる。六月だから単衣《ひとえ》の小紋で、華やかな柄行《がらゆき》のものがふさわしいが、そういうきものを持っている人は少ないだろう等と余計な心配もした。

会場に着いてまず驚いたのは、正式度の高い改まった装いの人が多いことだった。年齢とは関係なく、会場の雰囲気を考慮した装いだなと推測した。いちばんの衝撃はきちんと単衣の訪問着を着た人が目立ったこと。招待主の仕事との関連もあるとわかったが、その場にとけこみ、美しく見えた。あまり「平服」という言葉にこだわりすぎてはいけないと思いつつも、少し裏切られた気がしたのも事実だ。

だがそんな私の気持ちが通じたかのようなスピーチを会の冒頭で聞くことになった。最初に指名された主賓によるもので、「平服」という指示を読み、どうしたものかとインターネットで検索したという。決して惑わされずに注意しろ、と書かれていたそうだが、会場に着いて本当に大方がキチンとしていたので、一体「平服」とは何なのだという疑問を呈されていた。加えて日本人の資質のようなことも話された。

自分ばかりが悩んだのではないことに安堵しつつ、気づいたことがある。それは、これぞ平服という感じのパンツにシャツを着ただけの人もいたのだが、その場にふさわしくは見えなかったことだ。帰ってから調べたら、「平服」とは普段着ではなく、礼服ではないが男性はスーツが基本と書かれていた。指示があっても文字通りではなく、会場や、自分以外の招待客を想像して装いを選ぶくらいの慎重さを持たなくてはと痛感した。

良い意味で印象的だったのは、乾杯のために登壇したデザイナーの高田賢三さん。前日パリから到着したというその装いは軽やかな細身の黒いタキシードだったが、シャツが白のドレスシャツではなくシンプルな普通の黒シャツでノータイ。足元は黒のスニーカー。タキシードが程良くカジュアルダウンされて昼の会らしくまとまっていた。さすがと嬉しくなったのは言うまでもない。

ソファ横のサイドテーブルは、鎌倉の家にあったもの。

着続けているグリーンのコートはドリス・ヴァン・ノッテン。

北側の開口部には、インドのASHAのテキスタイルをそのまま下げて。光がやわらぐ。

普段使いの器。大皿も小皿も、ひとつひとつに思い入れがある。

ヨーガン・レールから60歳の誕生日に贈られた南国のザミア。小さな鉢から大きな鉢へ。

あちらこちらで拾った石、手つきが可愛い犬とも猫とも見える熊の焼きもの。

一度つけてみたかったアンティークの照明器具は、壁にとりつけてすでに30年超え。

正方形の障子は、製図台のテーブル、形の違うアンティークの椅子ともなじんでくれた。

東側の開口部には、以前はカーテンをとりつけていたが、ある日思い立って障子を入れることに。

この椅子の座面の高さは35cm。幅も広いのでゆったりくつろげる。

偶然見つけたガラスの一輪挿しに好きなグリーンを一本。

資料や本に囲まれた仕事部屋で書き仕事を。

残しておきたい展示会の招待状や、ブーテ・ド・モンヴェルの子ども用歌の絵本など。

毎日キッチンに立つ。大好きな朝食作りは自然に身体が動く。

玄関扉を開けた正面には、季節を感じさせる素朴な布をかけて……

最後に残したいと思っている写真集は、写真家・ラルティーグの作品集。

大きなテーブル

目下、私の生活の中心にあるのはリビングに置いた大きなテーブルだ。このテーブル、実は縫製工場などで使われている製図台。90㎝×200㎝の天板は集成材で、色は他では見たことのない濃い茶のナチュラル。大きめのキャスターがついた黒いスチールのゴツイ脚は、いかにも作業用という無骨さがある。

このテーブルは85年に事務所をオープンした時に手に入れた。内装工事を依頼した工務店が取り扱っていたもので、友人が仕事場で使っていたのが目にとまり、決めたものだ。50㎡程のスペースの入口近くの中央に置き、念願だった打ち合わせ用としておさまったのだった。

その事務所の広さや内装は、それまでずっと頭の中に描いてきたイメージを予算の許す範囲で実現した。できるだけシンプルに。余計な飾りは一切なし。ただしシャープでモダンすぎるのは避けて、無造作で気取らない空間が目標。このテーブルの無骨さは、そんな思いを叶えてくれそうだった。

オープンパーティーの日には、食べ物や飲み物をのせるために手持ちの紺地のマドラスチェックと無地の布とを少しずらして斜めがけに。ラフで気取らない雰囲気にしたかったのだ。立食だったので、トーネットの二脚の椅子と折り畳み椅子、オープン祝いにいただいた黒いスチールの椅子とを壁際に置いた。普段は布をかけずに使っていたこのテーブルが、空間の中央に無造作におさまっている感じが気に入っていた。

この事務所は理想的な場所と空間だったが、93年には、ひとまわり小さなスペースに移る決心をすることに。時代の流れ、仕事量と収入の減少、年齢、その他すべてに後押しされた。どこか適当な部屋はないかと探し始めた時に、少し前から住み始めていた現在の住居の一階に、前の事務所の二分の一以下の広さの一室が空いたことを知った。職住接近が理想だったので、かなり小さく窓のないスペースだったが移転を即決した。

許可を得て天井を抜き、壁一面に本棚をとりつけ、先の事務所で使っていたスタッフ用の長い机の板を半分にして持ちこんだ。最後まで悩んだのが、打ち合わせ用に使っていた製図台のテーブルをどうするか。新しい事務所には大きすぎたので、何か適当な程良い大きさのテーブルを探そうと思ったが、あのテーブルはキープしたほうが良いという人もあり、思いとどまることにした。結果、それは正解だった。

もう以前ほど打ち合わせもないと勝手に考えていたのだが、そうでもなく、使い慣れたテーブルの有り難さは身にしみた。天井を抜いたおかげで狭苦しさも心配していたほどではなかった。

想像していた以上に快適な年月をその事務所で過ごしたのだが、2009年には、ついに事務所を自宅と一緒にする決心をした。物置きのように使っていた自宅の押入れつきの六畳の和室を原稿書きと資料を置く仕事部屋にして、必要があれば打ち合わせもそこですることにした。物書き用の机は事務所で使っていたのをそのまま使える。だが迷った末に残した製図台のテーブルはどうするか。ここでまた、悩むことになる。

それまで自宅のリビングでは、籐の脚のついた比較的軽やかなテーブルを使っていた。90㎝×90㎝の正方形で、延ばすと90㎝×180㎝にもできるので、来客があっても対応できる。ただし１８０㎝にして使うと天板の両端がなんとなく下がって安定感がなく落ち着かなかった。

ひとり暮らしを始めてすぐに見つけた座面高が低めの籐椅子と、そのテーブルの組み合わせが気に入っていたのだが、30年以上使って、とうとう籐椅子が壊れてしまった。かわりに以前からあったトーネットの椅子を使ってみると、チグハグ感がぬぐえない。そこで事務所で使っていた製図台のテーブルを自宅のリビングに持ってきてはどうかと、真剣に考えてみることになったのだ。そんな時、籐のテーブルを引き取ってもいいという人が現れて意を強くし、製図台のテーブルを自宅のリビングに持ってくることにした。

リビングには当初、東側のガラス面にベージュのカーテンをつけていた。４、５年たった時、なぜか気になりだした。あまりひだをつけないそのカーテンの、のっぺりした感じが明るい空間を生かしきっていないことに気づいたのだ。そこで思い当たったのが障子だった。はり替えを実家で手伝うたびに大仕事で大変だなと思っていた障子だが、いいかもしれないとひらめいたと言えばよいだろうか。

選んだのは、日本間の伝統的な障子より大きめの正方形の桟《さん》だ。入れてみると、今まであった低い本棚や、アンティークの照明、広めの床板との相性も悪くない。カーテンより落ち着いた雰囲気もある。

製図台のテーブルは、今では当然のようにこのリビングの中央におさまっている。お正月に純白のクロスをかけると、下からのぞくキャスターつきの鉄の脚が、これも悪くないと堂々としているのが嬉しい。

住み慣れた空気感と障子との相性の良さなのか、ゴツイと感じていたこのテーブルも40年近いつきあいで角がとれてなじみ、快適で安らげる日々が送れている。

椅子

家具のなかで好きなものは何かと尋ねられたら、「椅子」と答えるだろう。実際に聞かれたわけではないけれど、ふとそう思った。

現在のリビング（兼食堂兼打ち合わせ室）には、大きめのテーブルのまわりにアーコールの椅子が三脚、少し離れたところに当座の資料置き場になっている同じ椅子がもう一脚。テーブルのそばには座面と背もたれに籐をはったクラシックな英国製のアンティークの椅子が一脚、これは私専用。食事だけでなく、ともかく腰かけるならこれと決めている椅子だ。

北側のガラス戸の前に、アンドレ・プットマンがディレクションした黒いスチールのシンプルでモダンな椅子と、背もたれのデザインが典型的なトーネットの椅子を置いていて、目下これらも分類した資料の置き場になっている。そしてもうひとつ、テレビに向かって斜めに置いてある木製で肘かけつきのアンティークの椅子。座面高が35㎝という低さのこの椅子を見つけた時は、脚を切って短くしたのではなく、最初からこの高さのくつろげる椅子が存在したことを知って狂喜したというと大袈裟だが、やっと見つけた喜びは今も忘れずにいる。

デザインがそろっているのはアーコールの椅子四脚だけで、あとはみなバラバラだ。この四脚がいちばん新しい、といっても90年代の終わり頃に見つけた。

置いてある椅子は、アンティークも新品も、座面高は45㎝から47㎝くらいある。靴をはいてちょうど良い高さという感じだ。男女に関係なく大柄な人には気にならないのかもしれない。私の場合は、ひとり暮らしを始めて最初に求めた憧れのトーネットの椅子に、高さの点で少しだけ失望したことがある。食事用の小さな丸テーブルの前に置いたその椅子に腰かけてみると、座面が高いためにきちんと座らないと落ち着かない。高さに加えて、座面の木の材質とその形にも関係があったのだろう。実家の広縁に置かれた籐椅子にひょいと腰かけたような安定感はなかった。籐椅子は座面高も低いし、デザイン自体もリラックス感があるのだから当然だが、西洋式の生活スタイルで使われる椅子であることを改めて感じ、ある種の違和感はぬぐえなかった。

日本製の椅子にもいいものがあるのは承知だが、なぜか私は木製のシンプルな西洋アンティークの椅子にずっと引かれ続けている。同じ椅子でそろえようという気もあまりなく、故意にバラバラにしたいわけでもないが、良いなと感じたものが適度に張り合いながら一緒に置かれているくらいが心地良い。きちんとそろった素晴らしいセッティングは映画の中や、品格あるホテルの食堂で見たり体験したりすればよいと思っているのかもしれない。

そんな私だったが、事務所で使っていた製図台のテーブルを自宅のリビングに持ち込むと決めるまでには、かなり迷いがあった。靴を脱いで上がる自宅のリビングに、大きなキャスターつきのテーブルはなじまないと思いこんでいたこともあり、あきらめかけてもいた。

考えに考えた結果、最初の事務所から20年は使い続けていた製図台のテーブルに愛着が強い自分を信じることにした。実際に持ち込んでみると、テーブル自体は思っていたほどの違和感はなかったが、座面の高いアンティークの椅子とは合わなかった。テーブルと椅子の高さのバランスは良いが、靴を脱いで腰かけて向き合う雰囲気ではなかったのだ。

座面高が低めでシンプルな椅子はないかと探し始めた。そんな時に出会ったのが、アーコールの椅子だった。その時までは「アーコール」は私好みではないと思っていた。だが座面高が42㎝と低めなのは発見だった。座面の広さやゆるやかなカーヴも絶妙で座り心地が良い。製図台のテーブルとは調和しないのでは、という心配も無用だった。しばらくしてまた二脚見つけたので求めた。四脚そろいで置いても白木の軽やかさと背もたれのシンプルさがリズム感を生み、セットもの特有の重たさはない。

リビングも兼ねているので事務所としては雑多すぎる空間だが、このくらいの統一感は悪くないと今では思っている。以前からあるそれぞれの椅子も、互いに邪魔することなく静かに居てくれている。人数がふえた時は、無論、数の足しになる。

なぜこんなに椅子にこだわるのか自分でも不思議だったが、思い当たることがひとつある。純日本式の住居で育ったのだが、友人の家に行くと玄関のそばに洋風の応接間があることも多かった時代だ。応接間にあるのは、応接セットと呼ばれるソファとひとり掛け椅子と決まっていた。遊びに行った子どもが通されることはない。両親に連れられて訪れると通されたり、大人になってからは友人どうしでも通されるようになったが、くつろげた記憶はない。

日本式の私の家の場合は、お客さまは玄関脇の座敷にお通しして、食事を出す場合もそこへ運ぶ。でも親戚や友人の場合は家族と同じ茶の間に通し、食事は台所に置かれたテーブルで。いつもの家族だけとは違うよそゆき気分も少しあるが、一味違う団らんのくつろぎ感は楽しい記憶になっている。

ひとり住まいだが、人が訪ねてくれたならあの茶の間のようなくつろぎ感が欲しいと、どこかで思っていたのだろう。今ふうに言うならリビングダイニングとなるわけだが、昔のように座ぶとんに座るのではなく椅子がいる。そろっていれば整然とするのは確かだが、そうしなくてもいいはず。というか、今まで愛用してきたものを生かしたいし、使いたい。なんといっても座り心地が良いと思えるものを選んできたのだから。

衣食住

コロナ禍の中、世界のあちこちで同じような経験をしている人がいるのかと思いつつ過ごしながら気づいたことがある。二年ほどたった時、実によく毎日の食事を作り続けていると実感し、我ながら驚いたのだ。

仕事に追われていた時期は、プライベートも仕事も含めて外で食事をする機会が多かった。それほどでもなくなってからも、週に一度くらいは外食したりテイクアウトですませたりという日が。ここ最近は雑誌の仕事がなくなり、単行本の仕事も一段落したりで、以前より仕事の外出が減っていた。そんな時に突然の緊急事態宣言。外食の機会はさらに減り、テレビのニュースで飲食店の窮状が報じられるたびに、こんなことが起こることもあるのかと、昔なじみやお気に入りの店が案じられた。家で作って食べるしかないわけで、気づいてみると毎日、自分のごはんを作っている私がいた。

朝食は、50年近く黙々と作って食べてがルーティーンになっていたので、朝起きれば自然に身体が動いて作り、食べていた。

昼食は、家に居る時は気軽にすませることにしていたので、冷凍したご飯がある時は漬物やじゃこちりめん、缶詰やその時々の煮物等を適当に。スパゲティや乾麺にすることもあるし、朝食用のパンで卵サンドにしたり、フレンチトーストを作ったり。切り餅も好きなので常備していて、磯辺巻きにゆで卵、プラス常備菜の何か。疲れていたり、食べる気があまりない時は、簡単にクラッカーとチーズと紅茶ですませる。経験から、何も食べずにいると空腹になりすぎて夕食時に食べすぎる危険があるとわかっているので、そうしている。これらの食材がいつもすべてそろっているわけではなく、その時あるものでなんとかするのが昼食ということになっている。

我ながら感心したのは、夕食を黙々と作り続けていたこと。ひとり暮らしが長いが、よく耳にする「自分のためだけに食事は作れない」という人の話を聞くたびに、自分は人並みはずれた食いしん坊なのかと恥ずかしくさえなっていた。

人様に自慢できるようなおいしく素敵なごはんではないけれど、自分のために黙々と作っている。ただし最近は、あと何年ぐらい続けられるのかと、ふと考えたりもする。考えているうちに仕事を始めた頃のある思いがよみがえってきた。

それは仕事が順調に進められるようになった頃、ただし私としてはファッションのプロになるにはどうすべきかと常に頭がいっぱいだった頃のこと。

私はファッションを学んだ経験はない。東京での展示会取材やパリコレ取材、仕事先で出会ったデザイナーやファッション誌の編集者、各メーカーのプレスをはじめとするそれぞれのプロから、少しずつ自分のやるべきことのヒントを得て学びながら必死に仕事をしていた。そんな時にある先輩から言われたのが、「ファッション馬鹿にはなるな」という言葉だった。

クリエイターであるファッションデザイナーを目指すのではなく、ファッションを雑誌の中に、その雑誌のターゲットとなる読者を思い描きつつページを作るのが私の仕事。衣食住という言葉がよく使われるが、「衣食住の衣」が自分の仕事ととらえようという思いがその時生まれた。ファッションというと実生活とはかけ離れた現実感のないものと思われがちだった時代だけに、いい意味での夢は必要だけれど、衣が毎日の生活に必要不可欠なものであるという事実を大切にしたいと思ったのだ。日常的にそんな気持ちを忘れたくないと。

何かに片寄ることなく、衣食住を丁寧に暮らす。それは簡単ではない。仕事が忙しくなると、自分の衣も含めてすべてを雑にいい加減にしてしまいそうになるのがわかっていたので、あえて自分に警告する意味もこめていた。その時以来、食に関しては、毎日の食事をしっかりとることを心がけ続けている。単に食いしん坊とも言えるが。

先日、古い雑誌のインタビューで、昔からの友人が私について聞かれてコメントしている記事を見つけてしまった。

「何につけても、まあまあどっちでもいいやとかがないんです。食べることひとつでも、時間あるから軽く食べとこう、なんてことがない。お昼だから、今、お昼を食べるって決めてあるみたいで、食べないと気がすまないみたいな」

苦笑するしかなかった。確かにそうして頑張っていたのだろう。どう見られているか想像する余裕もなかったということなのだ。頑張って続けているうちに、いつしかそれが普通になり、ごはんはちゃんと食べるというのが身についていたのなら嬉しいが。

思い返してみると、生まれつきの丈夫な身体を持っていたからこそ、大した病気もせずに乗り切れたのだと、親に感謝している。紆余曲折は大ありだが、残ったのが自分の食べるものを作るというあたりまえのことなら、それはそれでよいと思っている。

食べて寝てを繰り返すのが順調な時は、自分の着るものもスムースに決められる。それが仕事の小さな失敗や友人との心のかけ違いがあると、どこかで投げやりになり、いつの間にか机の上が散らかっていたり、リビングの床に整理できない雑誌や書類の山ができたりしてしまう。それでもゴミ屋敷寸前で目がさめて、立ち直ったことも少なからずある。

衣食住の生活のリズムが助けてくれたからなのだ、と今では考えることにしている。

夕食スタイル

年齢のおかげもあると思うが、三度の食事作りをせっせとしている。栄養のバランス等は人並みに気をつけて、野菜を多めに、温野菜が身体に良いとわかれば、温野菜好きとしては張り切っていろいろ工夫してみたり。動物性蛋白と野菜の他にも植物性蛋白の大豆類、加えて海藻類や鉄分、カルシウムも必須と、あくまで自分流だが、それなりに考えて食材を選んでいる。

特に意識しているのが、ひとつの食品を大量にとるのではなく、一回の食事にできるだけたくさんの品目をとるということ。ただ、パリのカフェで食べた「ステーキフリット」のように、無雑作に焼いた肉とじゃがいものフリットとレタスだけ、それにグラス一杯か二杯の赤ワインというようなラフな食事も好きなので、たまにはパリスタイルもとり入れて気をぬくことも大切だと思っている。

多品目を意識した料理に慣れてくると、それを大皿に盛るのが楽しくなり、以前は人を招いた時に使っていたスリップウェアや黄瀬戸《きせと》ふうの大きめの皿に工夫しながら少しずついろいろ盛りつけるのに凝ってみたこともある。毎日は無理でも、少し時間に余裕のある土日などに多品目を目指した大皿盛りの夕食を作るのは苦ではない。

続けられたのは、手応えがあったからだ。実は40代から50代にかけての超多忙な頃、知らぬ間に撮られたスナップ写真を見て絶望的になった経験がある。冷汗ものの二重あごで、こんなにむくんだ身体で一生懸命働いていたのかと、その節制の欠如と余裕のなさが恥ずかしくて落ちこんだのだ。お酒を飲むのは嫌いではない。というかむしろ好きなので、そういうおつきあいには喜んで参加していたわけで、仕事はともかく身体に良くないことにも積極的に取り組んでいたのだ。

それ以来、少しずつだが毎日の食事に対する意識を変える努力をした。いちばん気をつけたのは食事時間。夜の食事を早くして寝るまでの時間をあける。野菜を食べるなら色で食べる。緑だけでなく赤や黄や白も意識して、というようなちょっとしたことだが、体調は少しずつ良くなり、むくみも以前よりましに。

そんな経験があったので、多品目の食事を作りながら、自分の身体を創っているのは食べ物だという確かな実感があったのだ。ただ、さすがに頑張りすぎていた面はあり——何事も普通にさりげなくというより一生懸命にやってしまう癖があるので——さすがに疲れが出て手抜きになりかけた時に出会ったのが、『一汁一菜でよいという提案』だった。

そうよね、毎日毎日、そんなに頑張らなくても、人は死なないはずと頭が切りかわり、時には思い切り手を抜くというか、気軽にラフに食事を作る醍醐味がわかってきた。おまけに、それまでどうしてもひとり分の味噌汁作りになじめなかったのだが、とりあえずお椀を出して手早く作る味噌汁のおいしさにも目ざめたと言えるかもしれない。

コロナ禍をきっかけに、今まで無関心だった常備菜づくりもいつの間にか始めていた。夕飯のメインになる動物性蛋白質と野菜以外の何かを作り置きしようという気になったのだ。すぐに浮かんだのはひじきの煮物。実は、これは十年くらい前から、わりとまめに作っていた。常備菜という意識はなく、お気に入りの一品という感じ。どうせ作るならと、かなりたくさんのひじきをもどして、一度に中鉢一杯ぐらいは煮てしまう。冷蔵保存でもつ分量だ。

今は好物のひじきだが、子どもの頃は美味しいとは思っていなかった。育った場所は江の島が近くで海産物屋も多く、東京からの客人が喜ぶ美味しいひじきがあったのだが。たまたま自分で買って、そのひじきの美味しさに目ざめたのは、なんと還暦を過ぎた頃だ。目下は乾燥こんにゃく——太い春雨のようでしっかり歯ごたえもある——と煮る。その他ではピーマンの細切り、切り干し大根等。少し濃いめのだしで煮て、しょう油の味を感じさせないのが好みだ。ご飯のおかずというより、酒のつまみに近い感じだろうか。

よく作るもう一品は、小松菜と油あげの煮物かもしれない。小松菜一束とあげ二枚。油あげが好きなので二枚入れる。小松菜の水分を利用して、これもみりんをきかせた薄めのだしでワッと煮るだけ。レタスやキャベツ等、生で食べられる葉野菜はいろいろあるが、これを作っておくとなぜか安心なのだ。柚子胡椒を入れてピリリとさせることも。

子どもの頃はにんじんが好きではなかった。強いかおりのせいだったのかもしれないが、今のにんじんにはない。それでもなかなか食べないので、積極的に作って食べることにしている。

にんじん、油あげ、切り干し大根の煮物も悪くないが、煮物は素材が二種類くらいのシンプルなたき合わせが好きなのかもしれない。

高野豆腐も好きなので、時々求めて、しいたけと煮る。でも、もっと好きなのが自家製高野豆腐かもしれない。ある夏、豆腐のもちが心配で、冷凍にしてみた。そうしたら自家製高野豆腐ができていた。これは単独で煮ても、しっかり味がしみて美味なのが嬉しくなる一品だ。うす味で煮て、黒七味や山椒をちょっときかせて。

京都に行った時は帰りに駅の地下街で、大きめのビニール袋に無雑作に入れられた湯葉のサービス品を買ってくる。たまたまあったぜんまいと煮てみたら美味しかったので、以来、京都に行って時間があったら買ってくる。東京では程良い価格であんなにたくさんの湯葉は手に入らないので、有り難みが増すのかもしれない。

ごくシンプルに生の大根をマッチ棒みたいに切って、細くきざんだ塩昆布であえておくのもありだ。大根は、お鍋の季節を過ぎると食べなくなるので、たまにいい。

どれも酒のつまみふうのものかもしれない。ご飯のおかずというより、それ自体を食べたいと思うものを作るのが私流だ。メインの肉か魚の一品は、しっかりめの味つけにするので、このような薄味の何かが加わると、それぞれの量は少なくても食事として落ち着く気がする。

というわけで、若い時から考えたらかなりバランスの良い食事をしているつもりになっている私だ。会食でなければ、お酒も赤ワイン一杯でだいたいおさまってしまう。身体がいつまでスムースに動き続けてくれるかはわからないが。

泳ぐ、歩く

歩くのが嫌いではない。むしろ好きかもしれない。体調が良くなかったり、身体のどこかに痛みがあれば、無論、歩くのは苦痛だ。ただし体調が普通なら――特別に良いというわけでなくても――速歩で気分良く歩きたくなる。

土日のどちらかと別にもう一日、40分くらい歩くのが気づくと習慣になっていた。一日に何歩とか、時間をはっきり決めてしまうと続かない気がして、仕事量が以前より少し少なくなった頃に気軽に始めたのが良かったようだ。

家を出る時に時計を確認し、30分くらい歩いたら引き返すことにして出発する。だが、たいてい20分くらい歩くと、明日の仕事のこととか、まだ先の打ち合わせのために調べておきたいこと等が頭に浮かび、そろそろもどろうかという気分になる。何かを気にしながら歩くのは嫌なので、そういう時はそこまで。結局、40分から45分くらいの歩きということになる。無心で歩き出したつもりでも、そうではなかったことを少し悔やみつつ、それはそれでよしとすることに。

極端に暑くも寒くもない季節、程良い晴れ具合いの日だったりすると、気負いなく黙々と、姿勢も正しくいつもの速歩で一時間以上を、いつの間にか歩いてしまうこともある。歩き終わってから体調の良さと気持ちの余裕を実感するのはこういう時だ。いつもこうありたいなと願っているのだが。

こんなふうに歩けると、歩くのが好きでよかったとしみじみ感謝する気持ちになる。体調に気をつけねば、体力を維持するにはどうしたらよいかと真剣に考え始めた頃のことを懐かしく思い出すのも、こんな時だ。

スタイリストというのは外から見ている以上に体力勝負の肉体労働なので、仕事がふえるのは有り難かったが、それなりに負担も大きい。大した体力もなく、忙しさにかまけて何もしないで大丈夫だろうか、と本気で考えて不安になり、自分なりに悩んだ末に決めたのが、マスターズスイミングクラブに通うことだった。

今のような手軽なスポーツクラブはほとんどなかった時代だ。東京のまん中で好きな時に行って、下手な私でも自由にできる手頃なテニスクラブなどない。ヨガやダンスで身体を動かすというタイプでもない。そんな時知ったのが、厳しく教えてくれるというスイミングクラブ。今では年齢別の世界大会が開かれることなどがよく知られているマスターズスイミングだが、当時はそんな知識もなく、いわゆる社交的なクラブとは異なり水泳そのものを習える教室ということで入会することに。鎌倉育ちで夏休みになれば海水浴三昧の毎日だったのに、平泳ぎと背泳ぎを少しだけというのが恥ずかしかった自分を思い出し、絶対に四種目を泳げるようになりたいと心に決めた。

最近になって当時のぶ厚い水泳クラスのメモノートを見つけ、きちんとした字で丁寧に書いている自分の真面目さにビックリしている。

結局34歳から足かけ8年も通っていたとは。週二日のコースをとっていたが、どちらか一日行ければいいと思っていた。スイミングの日に撮影や打ち合わせが重なることも多い。パリコレに通っていたこともあり、年に二回は、しっかり半月はお休み。「前日、成田着。疲れていて休。」等という記述もある。こんなに休みながらよく通ったなと今更ながら驚いている。コーチや同じクラスの人の名前を記してあるのを見つけ、休むことも多いが、ともかく続けるつもりだからよろしくと最初にお願いしていたのを思い出した。生徒たちの年齢、性別はさまざまで、入れ替わりもある。そんななかで絶対に四種目泳げるようになりたいという思いだけがささえてくれていたようだ。

ノートを見て思い出したことがもうひとつ。クロールから始めてマスターしたら次は平泳ぎに進むわけではないのだ。最初はバタフライ以外の三種目を一回のレッスンの中で習う。バタフライが加わったのは、数ヶ月後。その初日のページの三種目にはそれなりのメモがあるが、バタフライのところには「わからない」の一言だけ。「できない」ではなかったのだ。

結局バタフライは今でもちゃんと泳げず、アップアップしているように見えるだけに違いない。誰が何のためにこの泳ぎ方を考え出したのだろうとふと思うこともあるが、オリンピックや世界水泳で展開される一流選手の素晴らしい泳ぎっぷりにはつい見とれてしまう。これは実際に必死でやってみた経験があるからこそその感動なのかもしれないとひそかに思っている。

マスターズスイミングで四種目を習った後に待ちかまえていたのが、クロールの1500メートルトライという挑戦だ。これは同じクラスの人たちよりかなり遅れて、ひとりでコーチに見守られながらだったので緊張した。覚えているのは途中で何度かあきらめかけたこと。後半の往復ではおぼれそうになりながらも必死にふんばってたて直し、コーチの声だけを頼りになんとか完泳した。時間は、当時の世界記録保持者であるソ連のサルニコフの三倍強の47分くらい。25メートルのプールだからこそなんとかなったのだろう。

もうひとつ印象に残っているのが、泳ぎ終わってしばらくした後に感じたナチュラル・ハイ。ごくひそやかなハイ状態だったとは思うが、昔、何かで読んだことのあるトライアスロン完走者の話を思い出し、やりきった後の壮快感に少しだけ共感できたのが嬉しかった。

スイミングスクールに通っていることは、ごく親しい人以外には伝えていなかった。週に一回、午前中の二時間といえども社員の立場では考えられないことだろう。あくまでも仕事を優先にして、まわりには迷惑をかけないこと。まだ未知数なことがたくさんあったスタイリストという職業だっただけに、自分なりに考えての結論だった。長くかかってもいいとひらき直って始めたのが正解だったのかもしれない。そして、身体を動かす爽快さと効果を感じて、続けられるなら形を変えても続けていきたいと願い始めていた。

それを実現したのがパリでの水泳時間だった。何度か定例的なパリロケが続いた時、あき時間があることに気づいた。この時間で水泳ができないものかとプール事情を調べると、郵政局の公式プールが宿泊予定のホテル近くにあるとわかったのだ。会員登録すれば、誰でも無料で泳げるという。顔写真を用意して登録。他のスタッフが買い物や美術館めぐりという時に、私は水泳と決めこんだこともある。

ただしその郵政局のプールは問題大ありだった。即席につくった会員証で簡単にロッカー室まで入り、水着に着替えてプールに向かうと人は誰もいない。フランス人はなぜこんなにいい環境を利用しないのかと驚きつつプールに入り、平泳ぎで泳ぎ始めると、すぐにプールの底がわからないほどの深さであることに気づいた。心臓が止まるかという思いで、あわててプールの縁に寄り、手が届くことを確認して端まで泳いだが、もう一度同じコースをもどり、上がってしまった。改めてよく見ると、飛びこみも兼ねたプールだったのだ。監視員などもちろんいない。自分のあわて者加減にあきれつつ、脚がつれたりせずに良かったと思うばかりだった。

それでも凝りずに、もう少しカジュアルな半会員制プールに登録し、出張のあき時間にパリで泳ぐことにこだわっていた。そうこうするうちに私の水泳熱はおさまったようだ。そんな無謀さもあった身体を動かさねばという強い思いは、紆余曲折をへて、現在の歩くのが好きな気持ちにつながっていると感じている。

泳ぐことで体力がついたつもりになっていたその頃、依然としてパリコレには年に二回通い続けていたわけだが、取材の仕方が変わった。今までの雑誌社の登録から、新聞社の登録に変わったのだ。

パリコレというのは、ともかく媒体にプレス登録しなくては招待状が手に入らない。新聞社の登録は嬉しかったが、プレッシャーも大きい。ファッション雑誌の読者よりずっと幅広い層の人たちに何をどうやって伝えるか。それまでは、洋服をとりあげる予定のあるブランドを第一に考えていたが、より見る範囲を広げねばと思い、できるだけたくさんのコレクションを見ようと決めた。新聞社の記者と二人、ともかく速歩でパリを歩いたという記憶が今も鮮明に残っている。

その人は私より少し年齢が上だったが、大学の山岳部出身ということで、歩き方が速く動作も早かった。私のほうがパリコレ取材の先輩なので案内役だが、歩き始めるとついていく感じになる。結構速いなと感じながらサッサとついて歩くのが気分良く快適だった。この時、水泳でついたと信じていた体力と脚力を実感できたと言ってよいだろう。ひとつのコレクションが終わったら即座に席を立ち、表に出る。混雑に巻きこまれないよう会場を後にし、次の会場へ。この体力勝負をなんとか乗り切れた自信は大きかった。

パリコレ取材を続けることで歩きに自信を持てたというのも皮肉だが、良い同伴者のおかげで速歩のリズムというものを身につけることができたのには感謝している。

そしてそのリズムをさらに確実にするような、もうひとつの機会が訪れた。ある日曜日、「歩いてみないか」と仕事仲間の一人に誘われたのだ。どこまでとか、何のためというのではなく、とりあえず歩いてみようと。

一応の計画はあったのかもしれないが、尋ねなかった。当時の、渋谷区のはずれにあった家から六本木に向かって歩き出し、いつの間にか、溜池を通り越して新橋に。すぐに銀座の歩行者天国にまぎれこみ、大勢の家族連れやパラソルの下でくつろぐ人を眺めながら、歩き続ける。遅い朝食の後に出発したので、中央通りの京橋あたりを歩く頃にはお腹がすいていることに気づき、立ち食いそば屋に。立ち食いそば初体験だったが、こういう時こそ、まさにぴったりの食べ物とほっこり嬉しくなってしまった。食堂に入って席を見つけ、椅子に座ってメニューを見て等とやっていたら、せっかくの歩くリズムが途切れてしまう。そこへいくと、立ち食いそばなら流れるように進み、また淡々と歩き続けられる。そんな感じで歩き続け、神田も日本橋も通り過ぎて最後は上野公園にたどり着いていた。

出発したのは午後の1時過ぎぐらい。上野着は確か4時半前後。いつも時間を気にしながら地下鉄に乗って、乗り換えであわてたりしていたけれど、歩けばこんなもの。疲労感もなく、昔はみんな歩いていたんだなあと、西郷さんの銅像を見ながらしんみりした。

季節が歩くのに最適な四月で、ところどころに桜がまだ残っていた。何時までとか、目的はどことかも決めていなかったのが良かったのだろう。帰りは淡々と地下鉄に乗って、達成感は内に秘めて家にもどることにした。歩くのって悪くないと思えた日曜日だった。

それ以後、地下鉄やバスに乗っていても、これくらいなら歩いたほうが気分が良いかもとふと思ったりする。

ノート

サッカーのワールドカップカタール大会の時、森保監督のメモとノートのことが話題になっていた。どのくらいの人がどう思ったのか、詳しいことは知らない。ただ、メモが習慣になっている人っているのだなと自分のメモぐせと重ねていた。

仕事で外出する時はダイアリー形式のスケジュール帳と、もう一冊普通のノートが加わる。自分では「展示会ノート」と呼んでいて、洋服の展示会を見に行った時に気になる商品や傾向などをメモするためのものだ。展示会へ行く時でなくても仕事の外出となるとバッグに入れている。いつから習慣になったか、もはや記憶にないが、スタイリストを始めてからわりとすぐではないだろうか。

始めの頃は、ともかく編集者とスタイリストとライターの三役をひとりでやることに必死で、紙きれや帳面に仕事に関することは何でも書きとめていた。そのすぐ後にふたつの雑誌で定例の仕事をするようになると、嬉しさと責任感に緊張しながら、メモというよりしっかりノートをとって自分の仕事を管理する必要を痛感するようになった。残念ながら当時のノートは残っていないし、どんなものを使っていたかの記憶もない。ただひたすら無我夢中でノートをとっていたことを覚えている。はた目には、余裕たっぷりではないにせよ冷静に見えていたのか、それともガチガチに必死な余裕のない風情だったのか。どちらだったのだろうと、今になってその緊張ぶりを懐かしく思い出す。

今ではノート好きを自覚していて、時折、輸入雑貨の展示会で日本にはないタイプのノートに出会うと、楽しみながら眺めることになる。

ノートにメモする習慣が確立したのは、73年から始めたパリコレ取材の時だ。ふとのぞいた「モノプリ」の文房具売り場で見つけたノートが気に入り、取材一回に一冊、これがフランスの典型的ノートと勝手に信じているごく普通のノートを使い続けた。ごく普通のノートのはずだが、とじ方、紙質や表紙の色使い、中の罫線が日本製とはまったく違うので、パリコレ取材気分が明確になるところも気に入ったのだ。

一冊を最後のページまで使ったのは一度だけ。でも常に三分の二以上は使っていた。帰国してから気になることを記したり、後ろのページからは、その時々の取材仲間の電話番号やレストランのアドレスを書きこんだりするので、ちょうどよかった。次のシーズンが来るまで手元に置いて、打ち合わせや撮影の前に日本の展示会ノートと共に、ことあるごとにページをくることになる。用済みになったものをさっさと捨てることができない私なので、廊下の隅の段ボール箱に今は眠っている。

ノートといえば、日記帳もある。感じたことや思いをつづるのではなく、私のは徹底した行動記録と言える。仕事を始めてからは一年に一冊、決まったダイアリーを求めて、つけるのが習慣になった。

一年に一回だけある審査員のような役目をお引き受けするようになってからは、そういえば去年の授賞作は、と昨年の日記を見返すことも。その日の前後の記録と自分の着ていたものの簡単なメモを読むと、だいたいの雰囲気がよみがえり、今年のための心構えの助けにしていた。最近はほとんど活用していないが、メモは続けている。

行動記録のダイアリーとは別に、撮影ノートも作っていた。フランスのあるメーカーの、黒無地の写真貼り用のページと横ケイの白いページが交互にあるノートを見つけて、これは撮影ノートに向いているかもしれないと思い、始めたことだ。ちょうどポラロイドが普及して、カメラマンが撮影した小さなポラをスタッフにも渡してくれるようになり、それをなんとなく手近のノートに貼ったりしていたが、きちんととっておきたいなと漠然と考えていた矢先でもあった。

その頃の仕事量だと、だいたい一年分が一冊におさまることもわかってきた。撮影日、時間表、スタッフ、スタジオかロケ場所、ページ数、雑誌名、使用したブランドなどを明記したので、次にスタジオを決めたり集合時間をどうするか等を検討する時に重宝することがわかり、つけ続けた。これは見返すと、その頃のファッションの流れだけでなく、私がその当時誌面で表現したかったこともよみがえってくる。

このノートを記すのは、だいたい雑誌ができてからだから、撮影日からは一ヶ月以上たっているが、いつも忘れずに記録していた。自分がこの仕事を続けることを再確認し、安堵するためにつけていたのかもしれない。

先日片づけものをしていた時に、香港製の懐かしいノートを見つけた。昔の日本の帳面と同じような体裁で、紙質もかなり質素。表紙の絵だけがいかにも香港ふう。初めて行った、ただ一度の香港グループ旅行の時に買ったものだ。中身は電話記録。まだ事務所はなく、自宅で洋服の下見や貸し出しのアポイント電話をかけた時のメモであり、かかってきた電話の記録でもあった。一日分が二ページくらい。時間を記してぎっしり丁寧な字で書かれているのに驚いてしまった。

それにしてもノート好き、メモ好きの自分に我ながらあきれている。メモ好きと言っているが、実はこの確認が自分には必要不可欠だった。人からは落ち着いて見えるようだが、かなりのあわてもので粗忽《そこつ》な自分がわかっているからこそのノートなのだ。ほっておくと、電話がかかってきてそのへんにメモするが、そのまま次のことをしているうちに、さっきのメモがどこにあるかわからなくなって大騒ぎなんていうことがしょっちゅうあるタイプと言えばよいだろうか。

このメモする習慣も、現在進行形で変化している。展示会ノートを今でも書く私だが、デジカメが出てきた頃、展示会で許可をとって撮影する人が多くなった。今は完全にスマホに記録の時代。固定電話も少なくなっている。私の机にはまだあるが、ケータイにかかる仕事電話のほうが多いかもしれない。机の上の電話メモもあるが、今はノートでなく不用になったＡ４の紙の裏側を使っている。数枚束ねてクリップでとめて順次処分という感じだ。物はためこまない。これがいちばんの課題かもしれない。

きもの

きものを着る人がふえたらいいなと、この20年間ずっと考え続けている。初めてのきものの本『きもの着ます。』（２００３年、文化出版局）を出して以来だ。

職人さんや跡継ぎがいないために継承が困難な技術や素材が消滅せざるを得ないというきもの業界の実情を、私自身もそこここで聞くようになっていた。まだきものが日常生活の中に当然のように存在していた終戦直後に育った世代としては、きものが消えていくことなど想像したこともなく、驚くばかりだった。冠婚葬祭や特定の職業だけでなく、日常生活できものが必要な人はいるはずだと勝手に信じていたのだが、ことはそう簡単ではすまないようだ。

私自身にできることといったら、きものに興味があったり、着てみたいなと考えている誰かにきものの魅力や組み合わせの楽しさ、着た時に本人だけが感じる心地良さみたいなものを伝えることしかない。

何よりも伝えたいのは、日本人にはきものが似合うということ。

今や世界中の若い人にとってTシャツとジーンズが共通の衣服になっている。日本では70年代以前までは、まだ洋服に不慣れで、自分の洋服の着こなしに自信を持てない日本人も少なくなかったが、今はそんな劣等感も克服したように見える。

自信を持ってそれぞれが洋服生活を楽しむことがごくあたりまえのことになったのなら、余裕のある人はぜひきものを着てみてくださいと、願っている私なのだ。

日本人が洋服を着始めたのは、今から150年くらい前。明治が始まる頃。でもそれは軍人や特権階級、しかも男性が中心で、日常的に男女共に洋服を着るのは大正になってから。昭和のはじめでも洋服を着ていたのは二割という統計も残っているようだ。それまで日本人は、男女共にきものを着ていたのだ。

現代のきものとその着方に近い形は元禄時代に始まっている。そして戦いのない江戸300年の歴史のなかで、きもの文化は大きく花開いたとも言えるだろう。なにしろ

1721年の江戸は世界一の人口百万（ちなみに二位のロンドンは六三万）があったという大都市で、文化度の高さも世界に誇れるものだったに違いない。

男も女も子どももひとつの形（細かく言えば違いもあるが）を着るきものという衣類が、四季のある日本に合わせて、素材、色、紋様の違いにより、それぞれにふさわしい表現で完成されて人々の日常に入りこみ、それが今日まで連綿と続いてきた。

似合わないはずがないのだ。特にショートカットやボブは、現代のきものにはぴったりのヘアスタイルだと私は思っている。きものには体型も関係ない。細い人もふくよかな人も、背が高い人も低い人も、みんなその人らしくきれいに着こなせるのがきものなのだ。偏平になりがちな後ろ姿は、お太鼓結びの位置と高さで表情をつけられる。きものによっては文庫結びや貝の口で可憐さや軽妙さも。

そこにきものの色と柄、帯と小物を組み合わせることで、形は同じでも絶対に人と違う自分スタイルのきもの姿ができあがるのだ。

きものは、洋服で着るとなぜかなじまない色と柄のはっきりした布を、直線裁ちで無駄な切り替えのない形に仕立てられている。それを直線のまま身体に沿うように着るので、柄が無理に分断されない。特に衿元は細いつくりの衿をV字に合わせて着るので、自然と顔を引き立てる。加えて間に入る白い半衿の効果もあり(素肌に着る浴衣に半衿はないが)、柄と顔とが互いに引き立て合うことになる。洋服のプリントで感じる強すぎる柄のあくのようなものが邪魔することはない。

男の人はおはしょりがなく、細帯一本で着るので、着るのは簡単とも言える。ただし簡単なだけに本当に格好良く着るには、それなりに慣れる必要がある。歌舞伎役者が舞台上で鏡も見ずにササッときものを着るその素早い仕草の凛々しい美しさには目を奪われる。着終わったきもの姿が粋で格好良いのは言うまでもない。

そこへいくと女の場合はおはしょりがあり、帯のお太鼓結びも関門になる。

着方は習うより慣れろとしか言いようがない。昔の人は子どもも娘も大人の女も毎日、きものを着ていたわけで、そんなに難しくないと思いこむこと。きれいに着ることばかりを考えず、最初は少しぐずぐずでも、家で着てみる時間をもつこと。まずは着るのに慣れること。最初は誰かに教わるか、本やユーチューブ等を見て自力で着られるようになるか、人それぞれの方法で身につけて、きもの好きになってほしい。

最初の一枚は何にするか。カジュアルに着られる紬《つむぎ》を着たい人。染め小紋《こもん》、できれば帯で格上げできる江戸小紋をという人もいるだろう。今の私が選ぶなら、やはり紬より染めのきもの。江戸小紋がいいが、格調高い極柄《ごくがら》のものではなく、中程度の柄行《がらゆき》の江戸小紋がお勧めだ。よくある初心者にお勧めのものとは違うが、あえて選んでみた。

極柄の江戸小紋は格調高い美しさで、茶室では特に威力を発揮する。柄が細かいので、遠目には一見、無地に見える。そのニュアンスのある色調が魅力なのだが、初心者が自信のないまま着ていると、帯の格が釣り合わない等も含めてその良さは十分に発揮されない気がする。

それよりも自分の好きな、加えて似合う、比較的濃いめの地色の中柄の小紋。麻の葉や型染更紗《かたぞめさらさ》の少し優雅な柄行のものを勧めたい。白い半衿をきっちりきかせ、染め帯でも織《おり》名古屋《なごや》でもいいから、ぴったりきまる一本をあせらずに見つけて、帯揚げ、帯締めも選び、お気に入りの一組を作りあげる。

お正月の歌舞伎座は訪問着の人もいて華やかだが、丁寧に選んだ魅力的な一組を自信を持って着ていれば憶することはないはずだ。歌舞伎を観るのにきものを着ていると、演目の年代はいろいろだが、舞台を見つめているうちに一体感が生まれ、冷静に舞台を見つめる立場から一歩進んで歌舞伎の世界に入りこめる魅力がある。そんな気分で歌舞伎を観るのを目標にきもの生活を始めるのもいいかもしれない。

同時にあまり気負わずに友達との食事会や軽めのパーティー、コンサートや展覧会などに着ていくのもいい。きものというだけで、大事にされたり喜んでもらえるということも。

中柄の小紋なら、相性のいい半巾帯《はんはばおび》を見つけておいて、文庫結びで気軽に着て慣れるのもよいかもしれない。紬に文庫ではくだけすぎだし、極柄小紋に文庫は釣り合わない。とりあえず気に入ったきものをしつこく着続けて慣れるのが肝心。

いつも同じきものでも気にすることはない。きもの自体が今では特別なのだから。そうして着慣れていくと次に欲しい何かに出会えるはずだ。「帯つき」と言われる、きものに帯だけの姿がちょうどいい季節に始めるのが理想的だ。

黒髪の女《ひと》

気軽な集まりですから、ということわりつきの会で知人に会うと、何を着たらいいか悩んだという話題になることが多い。装いの提案をするのも私の仕事のひとつだが適切な助言は浮かばず、その人らしさを的確に表現する装いの難しさにぶつかってしまう。

ちょっとした軽いレセプションとか内輪のパーティーは、正装するしかない盛大なパーティーより何を着るかのハードルが高く、悩みもつきないようだ。

三〇代半ばで初めてパリに行った時、そんなパーティーの経験がある。突然のヴェルニサージへの招待だった。ヴェルニサージが展覧会開催前日のレセプションだというのも、実はその時初めて知った。パリ在住でフランス人の夫を持つ先輩に何を着たらいいか尋ねると、「何だっていいのよ。あなたらしくて気分良くいられる格好なら」という悩みが深くなるだけの返答。こぢんまりしたギャラリーでアーティストもほぼ無名の若い人。しかも私は旅先。トランクにつめこんでいた何かを着て出席したわけだが、ギャラリーに集まった人たちを見て、なんとなく先輩の言った通りだなと納得した覚えがある。

ワインを飲みながら談笑しているのは、意外と若い人というより落ち着いた大人が多く、みなさりげなく、でもいわゆる普段着ではなく、どこかにその人らしいおしゃれ感の演出が潜んでいたのだ。初めてのパリでもあり、まだ嫌なことには気づかず、良い面ばかりに感動していた頃のことだ。着ているものの印象より、存在感が際立っているその人らしい確固たる装いの魅力みたいなものを強く感じた経験だった。同時に集いの場になじんでいる日常生活の有様にも思いをめぐらさざるを得なかった気がする。

以来、さまざまな時と場で印象に残る装いとの出会いがあったが、時代と共に装いにも変化があり、特にグローバルと言われる時代になってからは、個性やその人らしさの表現もより多様に、強く確かになり、カジュアル感もましている気がしている。

そんな今の時代を反映するようなハッとさせられる装いに出会った。

ある海外ブランドが主催する展覧会のオープニングに出席した時のこと。準備のためか、ドアオープンが少し遅れて、入口に並んで待っていたら、係員と話しているその人が目についたのだ。

私の推測では東洋人。おそらくベトナムの女《ひと》。小さな丸顔で幼さが残る雰囲気が可憐で、目が離せなくなる。少し浅黒い肌に化粧っ気はなく、マットな質感なのに艶やかさがあって健康的に見える。十一月の末にしては暖かい日で、茄子紺《なすこん》色のコットンのシャツ姿が快適そうだった。シャツといっても台襟シャツで、袖にはギャザーたっぷりの女らしいもの、ボタンを開けた襟元にはエスニックなネックレス。大きな梅干しくらいのコックリしたタバコ色の大玉が連なったチョーカータイプのもので、派手ではないが存在感があり、コットンのシャツにハレ気分をそえるのに十分だった。

シャツの丈は短めで、下は黒のごくシンプルなパンツ。黒い靴に小さめな白黒のバッグで全体的にさりげない。強い印象は、彼女のヘアスタイルにもあると、すぐに判明した。真っ黒の髪を、前髪をあげたきっちりしたポニーテールにして、ゴムで留めた先を太くしっかりした三つ編みに。そんなに長くない三つ編みの先は黒いゴムで留められ、先端の髪はスッパリと直線になっていた。一緒にいた友人によれば、留めてから切らないと、あんなにも毛先がまっすぐにはならないとも。

強いインパクトのある黒髪だが、化粧っ気のない顔のため、いかにもオリエンタルを強調したアクの強さがなく、素直にいいなと思えたのだ。こういう美しさをアジアンビューティーと言うのだろうと勝手に納得し、心が和《なご》んでいた。

東洋人ならではの直毛の黒髪。当人にとっては、着るものの色も限られるし、硬い雰囲気になる等と悩みの種でもある。でも見方によっては美しく、うらやむ西洋人もいる。ないものねだりは、どこにでもあるようだ。私自身も、髪の色を変えてみたいとは思わないものの、仕事でもプライベートでも黒髪より金髪や茶髪のほうが絶対に洋装との相性がいいという思い込みにとらわれていた。40歳を超えた頃だろうか。直毛、黒髪に適したストレートボブにヘアスタイルを定めてから、やっとその思いから解放された。

とは言っても、自分の黒髪を積極的にとらえたことはない。だから彼女のような太いしっかりした黒髪を最大限に生かした女を見て、決して若くはないが、溌剌《はつらつ》と見える魅力的な姿に衝撃を受けたのだ。

同時に、いつものスタイルの延長線上という感じの自然なハレのスタイルが好ましく、自信と経験の裏付けが感じられるセンスの良さに、脱帽してしまったのだ。

　定番的なハレ気分というならシャツはシルク。特別感を出すなら、やっぱり本物のハイジュエリーかデザイン性の高いネックレス、といったことになりそうだが、そうはしない。木綿で紺色のシャツなのにギャザーたっぷりの袖が今日的だ。スニーカーでもおさまるが、そこはきゃしゃな黒のフラットシューズにして、白黒メッシュのバッグが程良い息抜きに。計算し尽くしたのではなく、持っているものを気分に合わせて楽しみながら組み合わせたのだろう。三つ編みの先を最後にスパッと切る時だけ緊張が走ったに違いない。

シャネル

さすがにシャネルはもう卒業、と何度思ったことだろう。ところが今も何かにつけて思い出し、やっぱりすごい女《ひと》だったなと感心し直すことになる。

彼女の残したスーツやバッグや靴、香水はどれも魅力的で今も人々を引きつけている。それは承知だし、私だって今もそれらが好きなことに変わりはない。だからこそ、その人自身に対する興味と関心も尽きることがない、と言えばよいだろうか。

実はおしゃれに関心があった高校時代に作り始めたスクラップブックが何冊かある。そのなかに当時の女性週刊誌の切り抜きが。モノクロ記事で「65年シャネルスーツ週末のおしゃれ」というタイトルで文章は南部あきの署名入り。写真にはロンドンエキスプレスのクレジットがあり、ツイードで襟とカフスがシルクの典型的シャネルスーツの写真がそえられていた。ほかに「66年シャネルのすべて」というタイトルでシャネルスーツが載ったカラーの6ページも。これらのスーツはパリのオートクチュールのはずだが、いわゆるクチュール専属のマヌカンが着た写真ではなく、明らかに当時の写真モデルによるシンプルなスタジオ写真で、親しみのあるモデルがカタログふうにシャネルスーツを素直に見せている。こんなふうにオートクチュールのスーツが撮影されていたこともあったのだと気づいたのはずっと後のことだが、当時はそのスーツそのものに引かれて強く心にきざまれた。

そんな私が大学の仏文科を卒業してしばらくしてから、フランス語を役立てられる仕事として働くことになったのが、70年に創刊された雑誌『アンアン』の編集部だった。その中のフランスのELLE誌との提携ページの翻訳や制作が仕事になり、その記事に出会ったのは71年のこと。一月十日、パリのホテル・リッツでデザイナーのココ・シャネルが87歳で亡くなったという記事だった。マドレーヌ寺院で行われた葬儀の様子や、友人だったジャン・コクトーや参列したデザイナーたちの写真も。翌週には最新のオートクチュールコレクションから選ばれた真紅のニットのシャネルスーツの表紙用ポジも送られてきた。

死亡記事に書かれていた簡単な略歴を訳すという仕事が、シャネルという人がつい最近までこの同じ地球に生きていたのだという感覚を呼びさますことになり、不思議な親近感と感動を覚えたのだ。同時に、あんなにシャネルスーツの写真を見て好きだと思っていたのに、それを創ったシャネル自身のことはほとんど知らなかった自分に気づいた。自分の迂闊《うかつ》さというか服しか頭になかった幼さには呆れるしかなかった。その反動と言えばよいのだろうか。以後、私のシャネル熱は一気に高まったと言えるだろう。

今でも時々目を通すのは、フランスの小説家であり外交官でもあるポール・モランによる評伝を秦早穂子さんが訳された『獅子座の女シャネル』（1977年、文化出版局）という一冊だ。

これは戦後の1946年、スイスにひきこもっていたシャネルが伝記を作るつもりで、彼女のサロンに出入りしていた親しい友人であり文学者でもあるポール・モランに語った内容が土台にある。それを20年以上たった70年代に、彼が書きあげたものだ。

この中でシャネルが語っている少女時代の話は、すべてが真実ではなく彼女が勝手にこうありたいと作りあげたストーリーだった。ただしその後に続くシャネル自身の「美」や「モード」についての語り口を表現する文章の洗練された鋭さが刺激的で心に残り、シャネルの隠された一面を伺わせて興味深い。

加えて、当時のパリ社交界の名前を読むだけでも、ひたすら圧倒されて、シャネルというデザイナーの存在の大きさに驚くしかなかったのだ。

その後もシャネル関連の著作が次々と発表された。決定打とも言える伝記は、仏ヴォーグ編集長も務めたエドモンド・シャルル・ルーによる一冊だ。すぐに秦早穂子さんによる翻訳本『シャネルの生涯とその時代』(1981年、鎌倉書房)が出版され、その直後に、『アンアン』に著者インタビューの企画がもちこまれた。そしてその仕事が私に。

『シャネルの生涯とその時代』は、横24㎝×縦29㎝で厚さは4㎝ほどあり、シャネル自身の若き日の写真もたくさん収められている大著である。いつもなら、その手の本は時間のある時にパラパラとめくりながら気になるページを見つけて、気ままにあちこちから読み進めていた。だが、著者インタビューが決まっているとなったら、そうはいかない。おかげで必死に集中力をもって読み進められたのだ。

この本には、『獅子座の女シャネル』で読んでいた1920年代のパリの様子や人々の姿、加えて、シャネルが親交を結んだ芸術家や著名人の写真も豊富に収められている。例えばピカソの作った舞台用の緞帳《どんちょう》や、ジャン・コクトーの描いたシャネル作品のデッサンまで、興味が尽きることはない。無論、あちこちにシャネルのファッションに関する写真やデッサンもちりばめられている。若き日のヴィスコンティの傲岸《ごうがん》さと誇りを感じさせるシャープな一ページ大のプロフィール写真は圧巻でもある。

なかでも私が目を引かれたのは、ジョージ・ホイニンゲン・ヒューン撮影のシャネルの一ページ大のポートレートだ。白いレースの襟に縁取られたシャープで少し挑むような表情の52歳のシャネルが写っている。本の巻頭近くにある最初のパートナー、といっても囲い者という立場だったが、エチエンヌ・バルサンに出会った頃の20歳のシャネルとはまったく別人のような美しさで、目を見張るばかり。若い時の少し粗野で荒けずりな魅力が年を重ねることで美しくなる女の人は他にもいるだろう。でもシャネルの変貌ぶりは尋常ではなく、衝撃的だと私には感じられた。その間に横たわる年月の中での彼女自身の意志と持って生まれた力の容赦のない発露と決断を思わざるを得なかったのだ。

50代の彼女の美しさについてシャルル・ルーに尋ねたところ、有名な写真家セシル・ビートン卿が「彼女の横顔や眼差しの中にはグレタ・ガルボと同じ神秘性とメランコリックな雰囲気がある」と語っていたという。

続いて私が「あのいつものスーツスタイルはいつからですか」と尋ねたら、「45歳の時から」とのこと。体の中に若さを閉じこめてしまい、年をとらないようだったという話もうかがえて、ますますシャネル熱が高まったのかもしれない。

それと、この本の写真の中で私にとっていちばん印象的だったのは、先にも書いたエチエンヌ・バルサンと一緒に暮らすようになった20代後半のシャネルが、競走馬の飼育が仕事でもあった彼と競馬場に馬を見に行った時の写真だ。

その頃の女の人たちがみな着ていたであろう、たっぷり長くすそまであるスカートをはいているが、コートの襟元からのぞいているのは装飾的なブラウスではなく、真っ白の丸襟シャツで細身のネクタイも見える。上に着ているのは明らかに男物のコートで身頃も袖もたっぷりしていて、下からのぞく長いスカートとのバランスも申し分ない。そのうえ彼女は頭に、後に彼女のトレードマークともなるキャノチエ（カンカン帽）の小型のものをかぶり、双眼鏡ケースを肩に斜めがけにしている。まさにオリーブ少女と言いたいような姿が写っていた。横のページには、白っぽいレースのいわゆるドレスを着て頭には飾りつきの帽子、レースの手袋に日傘をさした、その時代の女性らしい装いをしたグループのスナップがある。

この写真一枚で、シャネル自身の着こなしのセンスや好みがよくわかる。初めて見た時は、1910年にこういう格好をしていた女性がいたなんてと嬉しくなってしまった。その頃の彼女はまだ洋服を作るというより、格好良い帽子を作ってみんなにかぶせたいとひそかに帽子屋になる野心を抱いていたはずだ。私にとってはその彼女の力量を予感させ、十分に納得させてくれる写真だったのだ。

これ以外では、ボーイ・カペルと一緒の乗馬スタイルで、シャネルは現在のものと変わらない乗馬ズボンに五分袖シャツ、短いネクタイ姿で馬に乗った写真もある。当時としては珍しい女の人の乗馬スタイルであることが説明されている。

もう一枚、40代になったシャネルがイギリス一のお金持ちと言われるウェストミンスター公と出会い旅をするようになった頃の写真がある。1929年のスナップで、この時のシャネルは公のツイードの上着を着ている。袖口は無雑作に折り曲げ、下には白いシャツとカーディガンの重ね着。襟元には水玉のスカーフを無雑作にタイふうに結んでいる。この頃のシャネルはリトルブラックドレスやマリンルックを女たちに勧めながら、自分はラフな借り着で鮭つりを楽しんでいたというのだから。そういえば初めてツイードを女の服に使ったのも、下着用だったジャージーを普通の服の素材として使ったのもシャネルの功績だったことも忘れたくない。

他にも、男物らしいたっぷり長いVネックカーディガンを長めのスカートと一緒にリラックスして着ている写真などが多く収められている。

着ていて楽で、きちんと感がありながら働き着にもなり、軽い外出着にも適した気分があがるスーツ。誤解を恐れずに言うなら、ある部分では男の人の背広にもあたるようなそんなスーツを目指してシャネルはスーツを作り続けていたのだろう。

それがほぼ完成に近づいてからは、写真に写るシャネルは、いわゆるシャネルスーツを着続けている。お気に入りは何年でも着続けて10年以上も珍しくない。ひじが抜けたのを修理したことも。そうしてクチュリエとしての仕事を80代になっても続けていた。

シャネルが若い頃から着ていたスタイルと彼女自身がクリエイターとして作り上げてき

た作品を改めて振り返ると、私たちが今も着ている、さまざまな格好のルーツがあると認めざるを得ないのだ。女のタキシードとサファリ・ルックは確かにサンローランのおかげだが。

当時のシャネルは、カンボン通り31番地にあったシャネルの店の上に自分の仕事場と、人を招いて歓談できる、あの有名なコロマンデルの屏風《びょうぶ》の置かれたサロンで日々を過ごしていた。眠るための部屋は、仕事場から歩いて数分のホテル・リッツに。87歳でシャネルが亡くなったのは仕事が休みの日曜日。クローゼットに残されていたのは二着のシャネルスーツだけ。なんとも潔く、うらやましさは尽きない。

あとがき

目次に並んでいるタイトルを眺めて、スタイリストによるファッション指南書と思った人もいるかもしれない。もしそれを期待していたなら、裏切られたと感じる人がいても仕方がないと覚悟している。

私のキャリアのスタートは１９７０年なので、気づいてみたら50年以上がたっていた。そのわりにスタイリストをそんなに長く続けているという自覚がない。いい加減にダラダラと仕事をしてきたのではなく、その時、その時を真剣にできる限りのことをしてきた自負はある。ただしスタイリストの草分けと言われることも多いだけに、始めはまさに無我夢中だったのだ。

当時、雑誌の撮影用に洋服を貸し出す経験等なかったメーカーでは、新米の広告取りと勘違いされたことも。いざ借りられるとなったら、雑誌の発売日にその商品が店頭にあるかを確認する。結果として、そんな先のことはわからないと面倒がられて貸し出しが中止になることも珍しくなかった時代だ。それが先駆的なメーカーとなると、早い時期からプレス係やプレスルームを設けて対応してくれたのは有り難かった。ただしそういうメーカーだけに片寄らないようにと注意されることも。

ファッション雑誌の知名度が上がり読者層が拡大していく頃には、ファッションに勢いも出て、スタイリストという職業も少しずつだが確立されていったと言えるだろう。

74年には『アンアン』ともう一誌、ふたつの雑誌の仕事を定例で担当するようになり、フリーの立場を続ける決断ができた。73年に初取材したパリコレも見続けることに。ただし経費のこともあるので、いつまでと決める勇気はなく無理なく続けられるまで続けようということにした。

77年には『アンアン』より上の世代の『クロワッサン』も誕生した。そして80年代を迎える頃には雑誌もDCブランドも力をつけて、いわゆるバブル期ならではの勢いがあった。そんな時代に仕事ができたのは幸運だったとしか言いようがない。恵まれていたと感謝する気持ちは今も忘れずにいる。雑誌のページ作りがメインの仕事であることは変わらなかったが、生活雑貨ブランドのディレクターやファッションコンクールの審査員、専門学校の講師等、依頼された新しいこともできるだけ受けることにしていた。

80年代から90年代の超多忙な時期には、スタイリストではあるけれど、もう少し漠然としたファッションに関わる仕事をしているという感覚だった気がする。

常に、読者に見てほしい、いいなと感じてほしいという思いでページを作っていた。その一方で、洋服をその人らしく着ることが大切だが、その思いをページで伝えることができているのかという不安が常にあった。そんな不安や疑問を解決できないまま抱えこんで前に進んでいた気がする。

原稿やインタビュー取材の依頼がふえたのもこの頃だ。最初は苦手意識があったが、いつしか、むしろ積極的に受けるように。ページでは表現できない何かを伝えられると気づいたきっかけがあり、苦手でもやらなければと気持ちを切り替えたのだ。なかでも私自身のことや物に関する取材は、否応なしに試行錯誤する機会を与えてくれた。その積み重ねが、この本に書かれていると言ってもいいかもしれない。

タイアップや編集ページも含めて多かった海外ロケも90年代には落ち着き、雑誌の連載や定例ページにじっくり取り組めるようになっていった。

２０１１年、震災の前日にパリコレからもどってきた。そして直接に震災がどうしたというのではなく、そのシーズンをパリコレ取材の最後にすると決めた。それまで40年近く張りつめていた緊張感が切れたと言えばよいだろうか。雑誌の仕事を続ける限りは見続けるという選択もあったが、そうはしなかった。潮時だったのだろう。

２０１０年からはファッション雑誌で、きものの連載が始まり、ずっと持ち続けていたきものへの思いが大きくふくらんでいた。洋服の仕事を長く続けたからこその強い思いでもあった。服飾大学でのきものの講義等も含めて、きものに関する私にできることにも積極的に取り組むようになっていったのは自然の流れだった気がする。

長く続いていた雑誌のファッション連載が終了し、きものの本の仕事にとりかかっていた時にやってきたのが、緊急事態宣言だった。

生きているとこんなことにも出会うのかと最初は呑気にかまえていた。それが思いのほか長く続き、加えて戦争が始まった。地球温暖化の影響と思われるさまざまな事象が世界各地で起こり続け、待ったなしの対応を迫られている。新たな紛争も始まってしまった。戦争の終わった年に生まれたということもあり、戦後何年という記載を見るたびに自分の年齢を思い知らされてきた。同時に二度と戦争はないと信じてもいた。ところがそうはいかないかもしれない。こう書きながらも不安がある。

日々のニュースを見るたびに心がざわつく自分がいるというのも初めてのことだった。年齢のせいもあると思うが、そんな時に助けてくれたのが、朝食の習慣だったのだ。体調を維持して気分よく仕事ができるように始めた習慣がと意外だった。

改めて、こういう時だからこそ日々の生活を丁寧に暮らす大切さに気づかされたのだ。

ずっと考え続けている「着る」ということ。地球上で洋服を着て暮らしているのは人間だけ。新しいもの探しが必要な時もあるが、身についたお気に入りは長く大切に着たい。そうすることで自分らしさができあがり、自信もつく。この本を書くことで、私にもたくさんの気づきがあったことに感謝している。

2024年5月　著者

＊本書に収録した「平服」「ジバンシィとオードリー」「黒髪の女」は、『暮しの手帖』90号（２０１７年10-11月号）、94号（２０１８年6-7号）、98号（２０１９年2-3月号）の連載「服と装」を大幅に加筆したものです。その他は書き下ろしです。

原　由美子　はらゆみこ

慶応義塾大学文学部仏文学科卒業後、１９７０年に『アンアン』創刊に参加。仏・ＥＬＬＥページの翻訳スタッフを経て１９７２年よりスタイリストの仕事を始める。以後『婦人公論』『クロワッサン』『エル・ジャポン』『フィガロジャポン』『和樂』など数多くの雑誌のファッションページに携わる。近年は着物のスタイリングでも活躍。著書に『原由美子の仕事１９７０→』（ブックマン社）、『原由美子のきもの暦』『原由美子のきもの上手　染と織』『原由美子の大人のゆかた　きものはじめ』（ＣＣＣメディアハウス）などがある。

ブックデザイン　若山嘉代子　L'espace
写真　木寺紀雄
編集　八木麻里（大和書房）

スタイルを見《み》つける

２０２４年７月１日　第１刷発行
２０２４年７月30日　第２刷発行

著者　原《はら》由美子《ゆみこ》

発行者　佐藤靖

発行所　大和《だいわ》書房
東京都文京区関口１-33-４
電話　０３-３２０３-４５１１

本文印刷　信毎書籍印刷
写真・カバー印刷　歩プロセス
製本　ナショナル製本

Printed in Japan
ISBN978-4-479-78608-5

http://www.daiwashobo.co.jp